U0953657

家政企业经营与管理

JIAZHENG QIYE JINGYING YU GUANLI

黄利梅　孔令兵　主编

武汉理工大学出版社
·武　汉·

图书在版编目(CIP)数据

家政企业经营与管理 / 黄利梅,孔令兵主编. -- 武汉 : 武汉理工大学出版社, 2025. 5.
ISBN 978-7-5629-7437-6

Ⅰ. F719.9

中国国家版本馆 CIP 数据核字第 2025T3P292 号

项目负责人:王嘉行　　**责任编辑**:陈　平　王嘉行
责 任 校 对:王　旭　　**封面设计**:匠心文化
出 版 发 行:武汉理工大学出版社
社　　　址:武汉市洪山区珞狮路 122 号
邮　　　编:430070
网　　　址:http://www.wutp.com.cn
经　　　销:各地新华书店
印　　　刷:湖北金港彩印有限公司
开　　　本:787mm×1092mm　1/16
印　　　张:16
字　　　数:379 千字
版　　　次:2025 年 5 月第 1 版
印　　　次:2025 年 5 月第 1 次印刷
定　　　价:48.00 元

凡购本书,如有缺页、倒页、脱页等印装质量问题,请向出版社发行部调换。
本社购书热线电话:027-87523148　87391631　87515958　87664138

家政学系列教材

编审委员会

《家政企业经营与管理》

编委会

主　　编：黄利梅（郑州师范学院）

孔令兵（郑州师范学院）

副 主 编：房　叶（郑州师范学院）

李　煌（郑州师范学院）

卢漫恩（广东省管家职业培训学校校长）

周　易（深圳轻喜到家职教总监兼轻喜职业培训学校校长）

陈　平（济南阳光大姐服务有限责任公司副总经理）

参编人员：王　芳（郑州师范学院）

姚晓莉（郑州师范学院）

余　涛（河南沐爱森林教育科技集团有限公司董事长、总裁）

马志闯（广州王府管家高端家庭服务有限公司深圳分公司总经理）

总　　序

随着我国人民群众生活水平的日益提升，家政服务逐渐走入寻常百姓家。至2024年年末，我国家政服务从业人员已超过3000万人。习近平总书记指出，“家政服务大有可为，要坚持诚信为本，提高职业化水平”，这为家政行业未来的发展指明了方向。国务院办公厅《关于促进家政服务业提质扩容的意见》（国办发〔2019〕30号）强调“原则上每个省份至少有1所本科高校和若干职业院校（含技工院校）开设家政服务相关专业，扩大招生规模”，“组织家政示范企业和职业院校共同编制家政服务职业技能等级标准及大纲，开发职业培训教材和职业培训包”，这为家政行业培养高质量人才提供了政策保障。

教材是学校教育教学的基本依据，是解决培养什么样的人、如何培养人以及为谁培养人这一根本问题的重要载体，直接关乎最终的育人成效。为此，作为国内开办家政专业较早的高校，我校遴选出教学和实践经验较丰富的教师组建起教材编委会，并邀请兄弟高校及国内家政行业知名企业共同参与编写这套家政学系列教材。本套教材内容涵盖家政服务领域众多方面，如相关政策、法律、培训、实操、企业经营管理等，重点聚焦于“一老一小”服务对象。为提高教材的时效性与实践性，学校与多家知名家政企业建立合作关系，如河南沐爱森林、济南阳光大姐、广州王府管家、深圳轻喜到家等公司均参与了本套教材的编写。在教材的呈现形式上，除了文字图表外，还配有鲜活丰富的数字化资料，增强了教材的可读性和趣味性。

本套教材在编写宗旨上，不忘教书育人的初心，坚持并践行质量第一、立德树人、学以致用的原则。当然，由于时间较仓促和编写人员自身水平有限，教材不免存在诸多不足，还请广大师生及家政行业从业人员不吝批评指正。

郑州师范学院校长

2025年4月

前　言

2019年3月，教育部办公厅发布的《教育部办公厅关于做好深化创新创业教育改革示范高校2019年度建设工作的通知》明确要求把工作重点放在建设"专创融合"特色示范课程上。为落实将创新创业教育贯穿人才培养的全过程，专创融合作为一种新的教育理念，正在推动高校课程的改革和建设，本书即在专创融合教育理念下应运而生。

《家政企业经营与管理》一书基于"专创融合"将创新创业教育理念和家政企业管理内容高度融合，在编写中既体现培养学生家政企业经营与管理的专业理论知识、实操技能（如家政企业组织结构设计、家政企业战略制定、家政企业文化建设等），又体现培养学生的创新创业能力（如对家政业新岗位的认同度、家政企业创办等）。家政行业发展迅速，目前市面已出版教材没有太多成熟案例可供借鉴，为此，在本书编写过程中，编者通过和国内成熟家政企业（广州王府管家高端家庭服务有限公司、深圳轻喜到家科技有限公司、济南阳光大姐服务有限责任公司、河南沐爱森林教育科技集团有限公司）对接，获得企业提供的一手案例资料，将其充实进教材，体现本书的代表性、实用性、适用性。为实现培养学生应用能力和创新创业目标，编者结合各模块所阐述的理论内容，编写了实训项目。全书共由11个模块、45个项目组成，具体写作分工如下：模块一（家政企业管理概述）、模块五（家政企业财务管理）由李煌编写；模块二（家政企业组织结构）中的项目二至项目四由姚晓莉编写；模块三（家政企业管理者）、模块七（家政企业客户关系管理）、模块十（家政企业创新管理）、模块十一（家政企业创业和新企业管理）由黄利梅编写；模块二（家政企业组织结构）中的项目一，以及模块四（家政企业战略管理）、模块八（家政企业人力资源管理）、模块九（家政企业文化建设）由房叶编写；模块六（家政市场研究与市场营销）由王芳编写；全书内容由黄利梅、孔令兵统稿。另外，本书配有四十余个微课视频，方便读者更好地理解家政企业的经营与管理。

本书在编写过程中借鉴和参考了大量的相关文献资料，以及一些专家学者的理论和同行的观点，在此一并表示衷心感谢。书中所引参考文献如有疏漏，恳请相关作者谅解，待下次修订时一并完善。

由于编者水平有限，以及行业发展变化较快，书中难免有疏漏与不当之处，敬请读者指正。

目　录

模块一

家政企业管理概述

案例导入

认识家政企业——深圳轻喜到家

深圳轻喜到家科技有限公司（以下简称“轻喜到家”）成立于2015年，总部位于深圳市，是一家“互联网+到家服务”的创新型企业，旗下拥有轻喜到家平台、轻喜职业培训学校和单多多平台。公司建有全国运营总部和轻喜职业培训学校，服务全国68个一、二线及重点城市，为超过1000万户家庭创造品质生活。

一、轻喜到家平台

轻喜到家平台是基于互联网、物联网、人工智能的技术创新，结合中国家庭高品质、多样化的生活场景，打造的中国家庭生活服务平台。

平台为中国家庭提供全生命周期的产品，涵盖保洁、保姆、高端佳宴、母婴护理、育婴早教、产康修复、家电清洗、家居养护、奢侈品养护、开荒保洁、除醛、室内环境治理等服务，同时为用户甄选全球高品质家庭生活用品。

平台采用“B2C全自营”模式，自培员工制，打造轻喜到家自营员工管理体系，从招聘、培训、管理等方面系统规划员工的职业生涯，陪伴、助推员工成长，累计培养15万余名到家服务从业人员。平台向用户提供可控、高标准、安全、有保障的品质服务，满足用户对到家服务的高标准要求。

二、轻喜职业培训学校

轻喜职业培训学校，是由轻喜到家创办的一所现代家政“产教研评”融合的职业技能培训学校。轻喜到家作为广东省认定的产教评技能生态链链主培育单位，一直致力于通过轻喜职业培训学校来推动家政行业的职业化进程，以创新的教学模式和高标准的服务理念培育行业人才与精英。

学校布局全国，设有深圳总校基地，上海分校、广州分校、北京分校三大分校，同时在全国68个城市设有分公司、分校以及合作教育联盟。独创的场景化教学模式，打造到家服务行业职业教育新标杆；引进国际先进、优秀的服务理念，以“知识+技能”的教育模式，打造专业化的服务培训体系，形成“集产教融合、岗课融通、评用结合、知识传授、能力培养、素质技能于一体”的教学理念。

学校秉持“用心学习，尽心做事”的校训，以推动家政行业职业化为使命，践行“用专业推动行业发展，用技能促进万众就业，用服务陪伴万千家庭”。

三、单多多平台

深圳轻喜到家旗下的单多多职业服务平台成立于2021年，是轻喜到家创立的中国劳动者职业发展服务平台。

单多多平台以“互联网+职业”服务模式，聚焦中国劳动者群体，布局百城，提供超30种职业岗位服务，通过“就业上单+职业教育”模式，为技术型人才提供高效就业供需匹配、就业指导、职业技能培训等全生命周期职业发展服务。平台基于Aide 3.0系统与轻喜大数据，实现服务者供应与优质服务人才筛选输送，赋能行业人才供需匹配需求。

平台300余名专业职业成长老师在线协助从业者实现职业教育，建立个人履历和信用体系，从在线教育、技能培训、技能资格认证等方面帮助从业者提升自我价值，实现从业者职业化成长，推动家政服务进入职业化发展。

项目一　认知企业

知识目标

1. 理解企业的含义；
2. 了解企业的发展过程；
3. 了解企业的法律形式；
4. 熟悉有限责任公司和股份有限公司的成立条件、组织结构和治理结构。

扫码学习

能力目标

1. 掌握企业的含义，能够区分不同的企业类型；
2. 根据企业的发展阶段，选择合适的法律形式。

基础知识

一、企业内涵

所谓“企业”，一般是指从事生产、流通或服务等活动，为满足社会需要进行自主经营、自负盈亏、承担风险、实行独立核算、具有法人资格的基本经济单位。

二、企业的发展

(一)手工业生产时期

手工业生产时期是指从封建社会的家庭手工业到资本主义初期的工场手工业时期。16世纪至17世纪，一些西方国家的封建社会制度向资本主义制度转变，资本主义原始积累加快，农民的土地被大规模地剥夺，这使家庭手工业急剧瓦解。工场手工业是企业的雏形。

(二)工厂生产时期

18世纪，西方各国相继开展了工业革命，大机器的普遍采用为工厂制的建立奠定了基础。1771年，英国人理查德·阿克赖特(Richard Arkwright)在克隆福特创立了第一家棉纱工厂。19世纪三四十年代，工厂制在英、德等国家普遍建立。工厂制的主要特点是：实行大规模的集中劳动；采用大机器提高效率生产；实行雇用工人制度；劳动分工深化，生产走向社会化。

（三）企业运作时期

19 世纪末 20 世纪初，随着自由资本主义向垄断资本主义过渡，工厂自身发生了复杂而又深刻的变化：不断采用新技术，生产力得到迅速发展；生产规模不断扩大，竞争加剧，大规模的垄断企业开始产生；经营权与所有权分离，形成了职业化的管理阶层；普遍建立了科学的管理制度，这一发展过程形成了一系列科学管理理论，企业开始走向成熟，并发展成为现代企业。

三、企业的法律形式

根据有关法律法规的规定，我国的商事组织主要有三种组成形式：个人独资企业、合伙企业、公司。

（一）个人独资企业

个人独资企业是指依照中国法律在中国境内设立，由一个自然人投资，财产为投资人个人所有，投资人以其个人财产对企业债务承担无限责任的经营实体。

（二）合伙企业

合伙企业是指依法在中国境内设立的由各合伙人订立合伙协议，共同出资、合伙经营、共享收益、共担风险，并对合伙企业债务承担无限连带责任的营利性组织。

（三）公司

公司是指依法设立，以营利为目的，由股东投资形成企业法人财产，享有法人财产权，以其全部财产对公司的债务承担责任，独立从事民事生产经营活动的商业组织。按责任形式划分，公司分为有限责任公司和股份有限公司。

1. 有限责任公司

(1)有限责任公司的概念

有限责任公司是一种企业法人组织形式，由股东出资设立，股东以其认缴的出资额为限对公司承担责任，公司以其全部资产对公司债务承担责任。有限责任公司的股东人数通常在 50 人以下，且股东之间的关系相对紧密。这种公司形式的特点包括：设立程序相对简单，不需要公开账目，公司内部机构设置灵活。有限责任公司适合中小型非股份制企业，因为它们不能公开发行股票，筹资范围和规模一般较小。

(2)有限责任公司的组织机构

①股东会：股东会是有限责任公司的权力机构，由全体股东组成。股东会负责决定公司的重大事项，如修改公司章程，选举和更换董事、监事，审批公司的年度财务预算和决算方案等。

②董事会:董事会是公司的执行机构,负责公司的日常经营决策。董事会的成员数量一般为 3～13 人,但股东人数较少或规模较小的公司可以设立 1 名执行董事,不设董事会。

③监事会:监事会负责监督公司的财务状况和董事会、高级管理人员的行为,保护公司和股东的利益。规模较小或股东人数较少的公司可以设立 1 名监事,不设监事会。董事、高级管理人员不得兼任监事。

④经理:有限责任公司可以设经理,由董事会决定聘任或解聘。经理对董事会负责,根据公司章程的规定或董事会的授权行使职权。

(3)有限责任公司的运作机制

有限责任公司的运作机制主要包括:

①决策机制:股东会通过投票决定公司的重大事项,董事会负责执行股东会的决议并管理公司的日常经营活动。

②监督机制:监事会对董事会和高级管理人员的工作进行监督,确保其不违反法律、行政法规、公司章程或股东会决议。

③制衡机制:通过股东会、董事会和监事会的分工合作,实现权力的相互制约和平衡,避免权力过于集中。

2. 股份有限公司

(1)股份有限公司的概念

股份有限公司是一种企业法人形式,其资本总额分为等额的股份,股东以其认购的股份对公司承担有限责任,公司以其全部资产对公司债务承担责任。股份有限公司可以向社会公开发行股票筹资,股票可以依法转让,但不能退股。股东的责任限于其所认购的股份,公司的经营状况需向股东和社会公开,以保证透明度。

(2)股份有限公司的设立条件和法律规定

设立股份有限公司,应当有 1 人以上 200 人以下为发起人,其中应当有半数以上的发起人在中华人民共和国境内有住所。股份有限公司的设立需要遵循相关法律法规,包括制定公司章程、认缴股份、注册登记等步骤。

(3)股份有限公司的组织机构和治理结构

股份有限公司通常设有董事会、监事会等管理机构,负责公司的日常经营和决策。股东大会是公司的权力机构,股东通过股东大会行使投票权。公司的管理层由董事会成员担任,监事会则负责监督董事会和高级管理人员的行为。

二、按员工性质分类

(一)中介制家政企业

中介制家政企业是传统的家政服务模式,企业作为信息撮合方,联系客户与家政服务人员,收取一次性中介费或会员费,不直接参与服务过程管理。该模式以资产轻、成本低、灵活性强为特点,占据当前家政市场70%以上份额,但面临服务质量难管控、纠纷多等挑战。

(二)员工制家政企业

员工制家政企业是指家政服务人员与公司签订正式劳动合同,作为企业员工统一培训、管理和派遣的服务模式。家政服务人员为企业正式员工,签订劳动合同,企业为员工缴纳社保是员工制家政企业的典型特征。与中介制相比,员工制企业更注重服务标准化和长期品牌建设,代表行业规范化发展方向。

(三)会员制家政企业

会员制家政企业是一种以预付费会员模式为核心的家政服务模式,客户通过缴纳会员费(年费/月费)享受优先派单、折扣服务、专属权益等,企业通过锁定长期客户提升现金流和复购率。该模式适用于中高端市场,强调服务稳定性、客户黏性、长期价值,是家政行业从“一次性交易”向“持续服务”转型的方向之一。

三、按企业性质分类

(一)传统家政企业

传统家政企业是指以线下门店经营为主,依赖本地化口碑、熟人介绍和社区推广等家政服务模式的企业,主要覆盖保洁、保姆、月嫂等基础需求。这类企业通常规模较小,服务灵活,本地化程度高,成本运营低,但面临标准化不足、管理粗放、数字化转型难等挑战。

(二)互联网家政平台

互联网家政平台通过线上技术(App、小程序、网站)联系家政服务供需双方,提供即时匹配、在线支付、服务评价等功能。互联网家政平台核心优势在于可轻资产运营、以数据驱动、即时匹配、能高效撮合、定价透明、可形成规模效应,但也面临服务质量管控难、服务人员忠诚度低等挑战。

(三)公益型家政组织

公益型家政组织以社会服务为核心目标,通过家政服务促进就业、帮扶弱势群体或提供普惠性家庭服务。它通常由政府、妇联、基金会或社会企业主导,兼具社会效益和基础服务功能。非营利性、提供就业帮扶导向、提供普惠性服务、政策依赖性强等是其典型特征。

(四)社区型家政企业

社区型家政企业以特定社区或片区为核心服务范围,通过近距离、高频次、熟人化的服务模式,为居民提供便捷、可靠的家政解决方案。这类企业通常规模较小,但扎根性强,主打快速响应、信任度高、个性化服务,是传统家政与互联网家政的补充形态,也是响应家政进社区政策的家政企业。

其他家政企业类型还有直营型、连锁加盟型、家政小微个体、区域连锁型、全国品牌的家政企业等。

项目四 家政企业管理

知识目标

1. 理解企业管理的内涵和措施；
2. 了解家政企业管理包含的内容；
3. 了解学习家政企业管理的目的。

扫码学习

能力目标

1. 掌握企业管理的措施；
2. 把现代管理思想与课程内容有机结合，掌握课程教学内容设置的逻辑和目的。

基础知识

一、企业管理的内涵和措施

企业管理，是对企业的生产经营活动进行组织、计划、指挥、监督和调节等一系列职能的总称。对于一个家政企业来说，企业管理也就是对家政公司经营活动的组织、计划、指挥、监督和调节等。

企业管理的措施是计划、组织、控制、激励和领导这五项基本活动。这五项活动又被称为“管理的五大基本职能”。“职能”是指人、事物或机构应有的作用，每个管理者在工作时都是在执行这些职能中的一个或几个。

二、家政企业管理的内容

家政企业管理的内容包括：家政企业组织结构管理、家政企业管理者、家政企业战略管理、家政企业财务管理、家政企业营销管理、家政企业客户关系管理、家政企业文化建设、家政企业人力资源管理、家政企业创新管理等。一个好的企业管理，是需要这些内容和谐发展、协同作用的，而这些内容的协同就是企业的系统能力。具备系统能力的企业才有希望具有核心能力。

三、学习家政企业管理的目的

管理理论的发展和实践，以及现代科学技术的迅猛发展、高度社会化大生产和经济全球化进程的加快等环境变化，对企业管理者提出了更高、更专业要求。学习家政企业管理的目的，大致可归纳为以下 7 点。

（1）提升专业管理能力：通过系统学习家政企业的理论和实践，掌握管理技巧和客户关系建立与维护的要点，提升服务质量和用户体验。

(2)优化资源配置:学习如何高效管理家政企业的人力、物力等资源,提高资源利用率,确保企业运作顺畅。

(3)提高工作效率:利用管理系统进行排班、任务分配等,减少人工操作,降低管理成本,提高整体工作效率。

(4)增强市场竞争力:通过专业化管理,提升家政企业的服务水平和市场竞争力,满足消费者对高品质家政服务的需求。

(5)促进业务发展:通过提高客户满意度和增强客户黏性,促进业务的稳定增长和扩展。

(6)支持决策制定:管理系统可以收集和分析家政服务数据,为企业提供决策支持和业务分析,帮助制定更科学有效的经营策略。

(7)培养复合型人才:结合家政服务与管理知识,培养能够在多种环境下提供专业服务的复合型人才,以适应家政行业的多元化需求。

研讨题

1. 家政企业与其他服务企业相比,具有哪些特点?
2. 在当前的社会条件和技术条件下,家政企业适合哪种类型?为什么?
3. 为适应现代管理思想的发展,作为一个家政行业的未来从业者,应该注重培养哪些方面的管理能力?

专创融合实训

1. 家政企业状况调研(分组进行,每组6～8人):

(1)选择某一省或某一市进行家政企业状况调研。

(2)每组调研的地区不重复。

(3)本次活动成绩主要以上交的书面材料(调研提纲、调查问卷、调研报告、照片视频资料等,装订成册)为依据来评定,教师和其他小组对材料内容的真实性进行监督和质询(家政企业状况调研表可参考表1-1)。

表1-1　家政企业状况调研表

组别:	团队名称:
组长:	联系方式:
调研地区:	调研时间:
选择原因	
调研活动1	时间: 主要内容:
调研活动2	时间: 主要内容:
调研活动3	时间: 主要内容:

2.识别创业机会。根据家政企业状况调研，发掘出创业方向，从中筛选出自己团队感兴趣的创业机会，并写出理由，形成创业项目(创业项目表可参考表 1-2)。

表 1-2　创业项目表

团队名称	
创业方向	
创业机会	
理由	
创业项目名称	

模块二

家政企业组织结构

组织结构，即组织的框架，结构决定组织的形态。家政企业外在展现的组织形式是由其组织结构决定和影响的。

案例导入

"王府管家"的组织结构

传统家政的经营形式多为中介形式，企业组织结构较为单一，部门与职务类型较少，企业人员主体为促使家庭客户与家政服务人员达成服务协议的业务人员。

"王府管家"是一家高端家庭服务公司，致力于为高净值家庭客户提供安心放心、长期稳定、高质量、多功能的家庭服务，同时力图改变家政服务人员普遍缺乏福利保障与归属感的行业现状，采取了全员员工制的经营模式，其组织结构与传统家政中介有着本质不同。如图 2-1 所示，"王府管家"的组织结构清晰、完备。

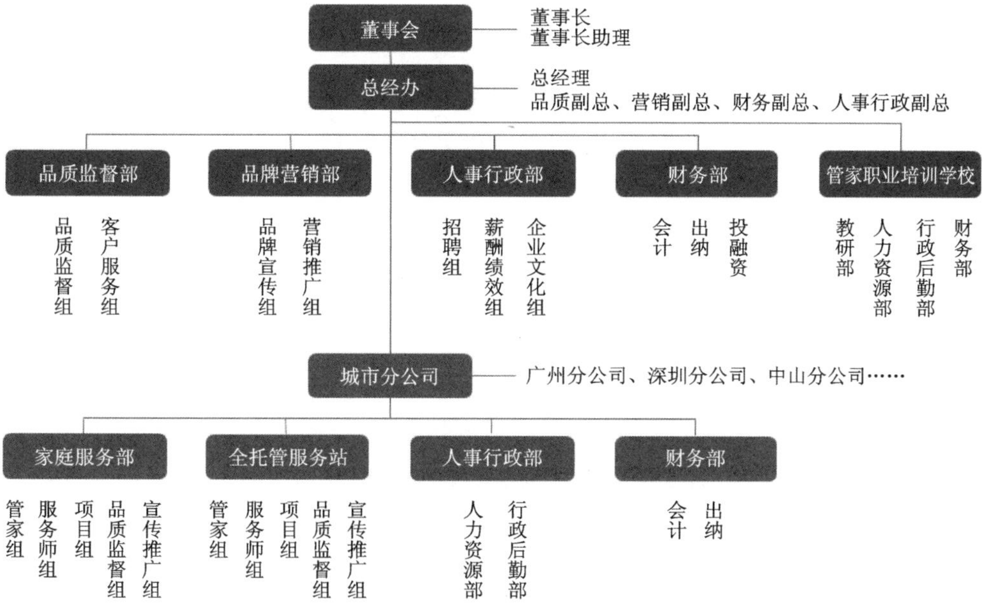

图 2-1 "王府管家"的组织结构

一、"王府管家"由董事会与总经办统领

董事长对公司发展规划、对外战略合作、品牌形象建设、人力资源与财务控制等涉及公司重大发展的事项负责。董事长助理协助董事长做好日常工作安排、各部门协调与监督工作。

总经理全面负责公司运营，并协同品质副总、营销副总、财务副总、人事行政副总对公司服务质量、业务拓展、财务营收、人力资源与后勤保障等各项事务负责。

二、职能部门

品质监督部：负责监督公司人才选拔、人才培养、人才输出、对外服务等各个环节的服务流程与服务质量的标准化监督，确保公司的高质量服务水准。

品牌营销部：负责品牌形象提升、公共关系维护，建设值得信赖的高端家庭服务品牌，并致力于营销推广、业务拓展、扩大营收，形成全国范围内有影响力的家庭服务品牌。

人事行政部:保障公司的高质量人才战略。"王府管家"采取全员员工制,与所有家庭服务人员签署劳动合同,家庭服务人员享有工资、奖金与保险等多项保障并沉浸于温暖的企业文化氛围。同时,通过有竞争力的绩效考核体系促进家庭服务人员在星级管家、星级服务师的晋升通道中不断强化技能、提升收入,树立家庭服务行业高质量就业典范。

财务部:负责日常财务、财务规划与投融资事务。"王府管家"在创立过程中投入了大量人力、物力、财力,长远布局而非追求短期利益,立志打造高端家庭服务企业标杆。在超越盈亏平衡点之后,其财务政策也并不满足于偏安一隅,而是持续投入,整合各方战略资源,共同建设更全面、更强有力的服务平台。

三、"王府管家"不断拓展,开设分公司

"王府管家"的业务发展通过各城市分公司展开,现有广州分公司、深圳分公司、中山分公司,并持续拓展。城市分公司均为独立核算公司实体,拥有自己的人事与财务权力,并拥有家庭服务部、全托管服务站两大业务部门。各职能部门均接受总公司与广东省管家职业培训学校的指导与监督。

家庭服务部:以家庭为单位,提供家庭综合服务的职能部门,由管家组、服务师组负责日常家庭服务工作,由项目组响应家庭或商业场所多种服务需求(如深度清洁、空间收纳、家电清洗、木地板/地毯/大理石护理、开荒、园艺、家宴聚会、商务会议、礼车以及客户的定制化需求)。

全托管服务站:以高端小区为单位提供全托管家庭服务的职能部门。在家庭服务部所提供的深度清洁等服务类别的基础上,增添中央厨房与配餐、鲜花、快递、干洗、洗车、宠物护理、奢侈品养护、亲子教培等业务,并不断丰富完善,建设全栈式服务中心,让客户放心、省心地将家庭事务全权交托于"王府管家"。

项目一　组织结构概述

知识目标

1. 理解组织结构的概念;
2. 理解组织结构的设计原则;
3. 了解组织结构的关键因素。

能力目标

1. 运用组织结构的设计原则,分析家政企业组织结构的优势和不足;
2. 运用组织结构的设计原则和关键因素,学会优化家政企业的组织结构。

基础知识

一、组织结构的概念与设计原则

扫码学习

(一)概念

组织结构(organizational structure)就是组织中正式确定的使工作任务得以分解、组合和协调的框架体系。

从组织结构的这一定义我们可以发现,它需要解决三个方面的重要问题:①组织中的正式报告关系,包括职权层级数目和主管人员的管理幅度;②将个体组合成部门,部门再组合成组织的方式;③部门沟通、协作与力量整合的制度设计。其中,前两个问题更多地关注纵向的协调与整合,后一个问题主要关注横向的协调与整合。

(二)设计原则

组织在开始运作之前,需要对组织结构进行设计。在进行组织结构设计时,一般需要遵循以下原则:

(1)任务目标原则。组织设计必须以组织任务目标为标准,一个完善的组织结构体系能够充分发挥员工的能力和潜能,促成组织任务目标的实现。

(2)精干高效原则。效率至上已经成为衡量组织有效性的一个重要标准,因此,在进行组织设计时,要考虑效率原则,努力设计一种使组织能以最小的成本来实现目标的组织结构。

(3)统一指挥原则。一个组织只有按照统一指挥原则运作,所有员工在组织高层的统一指挥下工作,才能发挥其协同效应和整体效应。

(4)分工协作原则。在组织设计过程中,应坚持分工协作原则,通过设置不同的专业部门和专职人员来完成各种具体的、细致的工作;同时要注重协调各部门、专职人员的工作活动,使他们的活动既符合特定部门和职位的特性,又符合组织战略和目标的总体要求,这样才能提高效率。

(5)跨度适中原则。在组织设计过程中,应保持适当的管理幅度和管理层级,以促进信息流通,保证组织与领导的有效性。

(6)责权对等原则。为了保证各部门、各职位能有效开展工作,必须使这些部门和职位拥有相应的权力,能够合理利用组织所拥有的资源;否则,权责失衡必然造成组织系统紊乱,进而阻碍组织发展和组织目标的实现。

(7)集权和分权原则。在设计整个组织结构的时候,权力的集中与分散应该适度,既要有一定的集权,也要有必要的分权,这样才能在保证工作效率的同时保证适度的工作积极性。

(8)执行机构和监督机构分设原则。执行机构是直接执行组织决策、保证组织任务完成的机构,而监督机构是监督执行机构是否按照国家法律法规和组织规章制度来完成组织任务的机构。两个机构分设可避免既当"裁判员"又当"运动员",有利于发挥监督机构应有的作用。

(9)稳定性与适应性相结合原则。在设计组织结构时，既要保证组织在外部环境和任务发生变化时能继续正常有序运行，又要保证组织在运转过程中能根据外部环境的变化及时做出相应的调整，使组织具有一定的弹性和适应性。

二、组织结构的关键要素

在设计组织结构时，必须考虑六个关键要素：工作专门化、部门化、指挥链、管理幅度、集权与分权、正规化。

(一)工作专门化

18 世纪，英国古典政治经济学家亚当・斯密在《国富论》中首次提出了劳动分工的观点。20 世纪初期，亨利・福特将这一思想运用到汽车生产领域，极大地推动了生产效率的提高。现在一般用工作专门化(work specialization)替代劳动分工。工作专门化是指通过动作和时间研究，将工作分解为若干很小的单一化、标准化及专业化的操作内容与步骤，并将其中的一项或者多项内容与步骤交给不同的人去完成，以提高工作效率。

工作专门化有明显的优点：专业的人做专门的事，可以节省在不同工作之间转换的时间，且随着熟练程度的提高，生产效率可以逐步提高；员工长期从事某一领域的工作，有利于员工专业技能的提升，更有可能在技术方面有所突破；给管理带来便利，如选拔、培训、薪酬管理等。工作专门化也有可能带来一些问题，突出地表现在：工作专门化程度越来越高之后，员工有可能出现厌烦情绪、身体疲劳等，由此导致缺勤率、离职率上升，不合格产品增多等。为避免出现此类负面影响，人们提出工作丰富化、工作扩大化和工作轮换等一系列新的管理实践措施。

(二)部门化

部门化(departmentalization)指的是将组织中的职位、活动或工作组合在一起的方式与依据。常见的部门化方式有：职能部门化、流程部门化、产品部门化、地区部门化、客户部门化，以及将几种方式混合在一起使用的混合部门化。

(1)职能部门化。是指根据职位、活动或工作的相似性来划分，把承担相似活动与工作的职位划分在同一部门(如常见的研发部、生产部、营销部、财务部、人力资源部等)的一种方式。职能部门化是现代组织中应用最为广泛的部门化方式。

(2)流程部门化。是指按照产品生产或服务提供的过程或流程来划分部门，使各项工作或活动沿着这一流程来组织的一种方式。

(3)产品部门化。是指根据产品或服务的种类来组合工作的一种方式。按照这种方式，相同领域的具有不同专长的人员都被分配到一位主管人员的管理之下；这位主管人员不仅是分管该产品线的专家，也是相关活动的负责人。

(4)地区部门化。也称“地理位置部门化、区域部门化”，指的是按照地理区域来组织活动和部门的一种方式。例如，在国内运营的组织可以划分为华北区、华南区、华中区、华东区等。

(5)客户部门化。是指按照客户的来源及类型来组合部门及其活动的一种方式。这种部门化方式的目的在于适应不同客户的需要。

(三)指挥链

指挥链(chain of command)是从组织最高层延续到最基层的一条持续的职权线,它界定了谁向谁报告工作,谁对谁负责。有了指挥链,当组织中的部门或员工有问题时,员工就知道该向谁请示。指挥链这一概念包括三个核心概念:职权、职责和统一指挥。

(1)职权。是指某个管理职位所固有的发布命令,并期望该命令得到执行的一种权力。

(2)职责。指的是处在组织中特定职位上的员工,在上级的部署和协调下完成组织规定任务的责任和义务。

(3)统一指挥。指的是每个员工应当只接受来自一位上司的命令,而且只对这位上司负直接责任。

(四)管理幅度

管理幅度,又叫管理跨度或者控制幅度,指的是一个管理者能有效管理的直接下属的数目。管理幅度在很大程度上决定了组织要设置多少层次,配备多少管理人员。在其他条件相同时,管理幅度越宽,管理层次越少,组织越扁平化,组织效率越高;而管理幅度越窄,管理层次越多,组织越垂直化,组织效率越低。

以图 2-2 所示的直线制组织结构为例,A 和 B 两个组织,其基层作业人员都是 4096 人。假定组织 A 的管理幅度为 4 人,组织 B 的管理幅度为 8 人,那么同组织 A 相比,组织 B 在管理层次上少两层,在管理人员的数目上要少 780 人。假定每名管理人员年均薪水为 5 万元,那么组织 B 每年在管理人员薪水上就可节省 3900 万元。因此,从管理成本方面来看,组织 B 更为合理,效率更高。

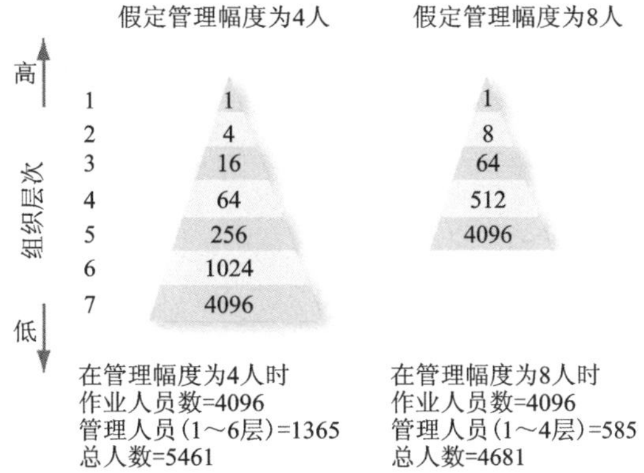

图 2-2 直线制组织结构示例

(五)集权与分权

集权与分权是指组织的决策权集中或分散在某一层的程度。集权化(centralization)是指组织中的决策权集中在某一层级(通常指较高层级)的程度。如果一个组织主要由较高层次的管理者做出重大决策,很少考虑下属和员工的意见,那么这个组织的集权化程度就较高。如果一个组织中的基层管理人员和中层管理人员参与程度较高,甚至他们能在某种程度上作出决策,那么这个组织的分权化(decentralization)程度就较高。

(六)正规化

正规化(formalization)是指组织中的工作实行标准化的程度。如果一种工作的正规化程度较高,就意味着做这项工作的人对工作内容、工作时间、工作手段没有多大自主权。企业希望所有承担该工作的人以同样的方式开展工作,以获得稳定一致的产出结果。在高度正规化的组织中,一般都有明确的职位说明书,有严格的组织规章制度,对于工作过程有详尽的要求。而正规化程度较低的工作,相对来说,员工的自主权就比较大。

企业在进行组织结构设计时,必须考虑以上六大关键要素。组织结构在这六大要素上的不同,决定了组织结构的基本特点。

项目二　企业组织结构的基本形式

知识目标

1. 理解企业组织结构的基本形式；
2. 掌握各种组织结构的不同特点。

扫码学习

能力目标

1. 掌握各种组织结构的优缺点；
2. 熟练绘制组织结构示意图。

基础知识

自从有了企业，就有了企业的组织结构的问题。企业的组织结构也经历了一个发展和不断演进的过程。到目前为止，企业尝试的组织结构的基本形式有：直线制、职能制、直线参谋制、事业部制、矩阵制等。随着互联网时代的到来，资源的概念、作用形式和价值出现了巨大的变化，企业组织结构也开始呈现巨大改变。但是，即使如此，对传统的企业组织结构的认知仍然有助于构建企业组织的新形态。

一、直线制

直线制是最先出现的，也是最简单的组织形式。它的特点是企业各级行政单位从上到下实行垂直领导，下属部门只接受一个上级的指令，各级主管负责人对所属单位的一切问题负责。厂部不另设职能机构（可设职能人员协助主管负责人工作），一切管理职能基本上都由行政主管自己执行。直线制组织结构如图 2-3 所示。

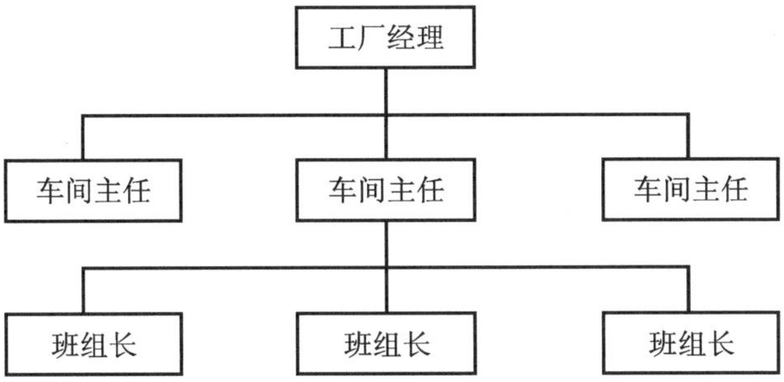

图 2-3　直线制组织结构

直线制组织结构比较简单，责任分明，命令统一，但要求行政负责人通晓多种知识和技能，亲自处理各种业务。因此，直线制适用于规模较小、生产技术比较简单的企业，生产技术和经营管理比较复杂的企业则不适用。

二、职能制

职能制组织结构是各级行政单位除主管负责人外，还相应地设立一些职能机构的组织形式。如在工厂经理下面设立职能机构和人员，协助工厂经理从事职能管理工作；如设立计划科负责计划工作、设立财务科负责财务工作等。这种机构要求行政主管把相应的管理职责和权力交给相关的职能机构，各职能机构就有权在自己业务范围内向下级行政单位发号施令。下级行政负责人除接受上级行政主管指挥外，还必须接受上级各职能机构的领导。职能制组织结构如图 2-4 所示。职能制能充分发挥职能机构的专业管理作用，但容易形成多头管理，导致下级无所适从，不利于建立和健全各级行政负责人和职能科室的责任制。

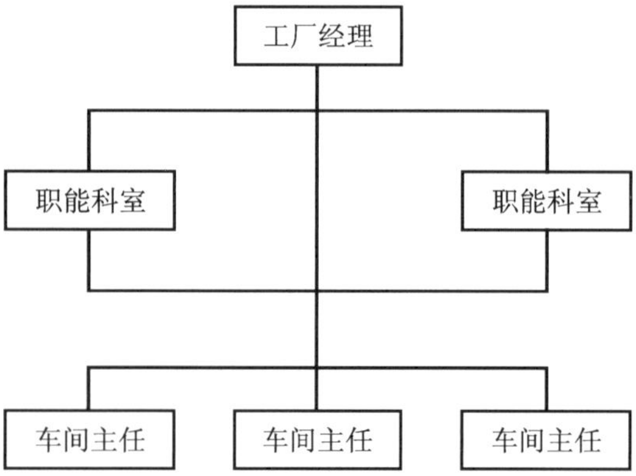

图 2-4 职能制组织结构

三、直线参谋制

直线参谋制是在直线制和职能制的基础上，取长补短建立起来的。这种组织结构形式是把企业管理机构和人员分为两大类：一类是直线领导机构和人员，按命令统一原则对组织各级行使指挥权；另一类是职能机构和人员，按专业化原则，从事组织的各项职能管理工作。直线领导机构和人员在自己的职责范围内有一定的决定权和对所属下级的指挥权，并对自己部门的工作负全部责任。职能机构和人员则是直线指挥人员的参谋，不能直接对部门发号施令，只能进行业务指导。直线参谋制既保证了企业管理体系的集中统一，又可以在各级行政负责人的领导下，充分发挥各专业职能机构的作用。直线参谋制组织结构如图 2-5 所示。

四、事业部制

事业部制最早是由美国通用汽车公司总裁斯隆于 1924 年提出的。它是一种高度集权下的分权管理体制组织形式，适用于规模庞大、品种繁多、技术复杂的大型企业。

事业部制是分级管理、分级核算、自负盈亏的形式，即公司按地区或按产品类别分成若干个事业部，从产品的设计、原材料采购、成本核算、产品制造，一直到产品销售，均由事业部及所属工厂负责，实行单独核算，独立经营，公司总部只保留人事决策、预算控制和监督大权，并通过利润等指标对事业部进行控制。事业部组织结构示例如图 2-6 所示。

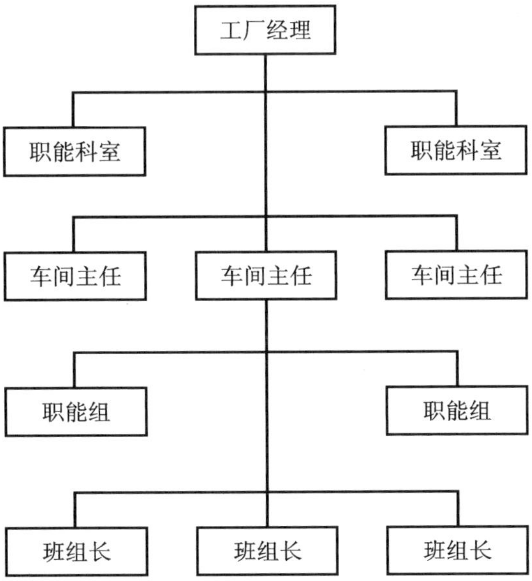

图 2-5 直线参谋制组织结构

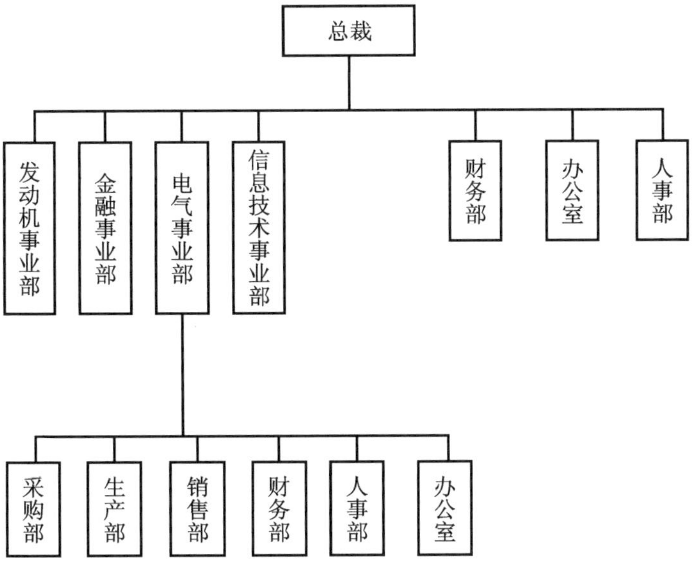

图 2-6 事业部制组织结构示例

五、矩阵制

在组织结构上，把既有按职能划分的垂直领导系统，又有按产品（项目）划分的横向领导关系的结构，称为“矩阵制组织结构”。

矩阵制组织是为了改进直线参谋制（即直线职能制）横向联系差、缺乏弹性的缺点而形成的组织形式。它的特点表现在围绕某项专门任务成立跨职能部门的专门机构上。例如，组成一个专门的产品（项目）小组去从事新产品开发工作，在研究、设计、试验、制造各个不同阶段，由有关部门派人参加，力图做到条块结合，以协调各有关部门的活动，保证任务的完成。矩阵制组织结构示例如图 2-7 所示。这种组织结构形式是固定的，人员却是变动的，需要谁，谁就来，任务完成后就可以离开。项目小组和负责人也是临时组织和委任的，任务完成后就解散，有关人员回原单位工作。因此，这种组织结构非常适合横向协作和攻关项目。

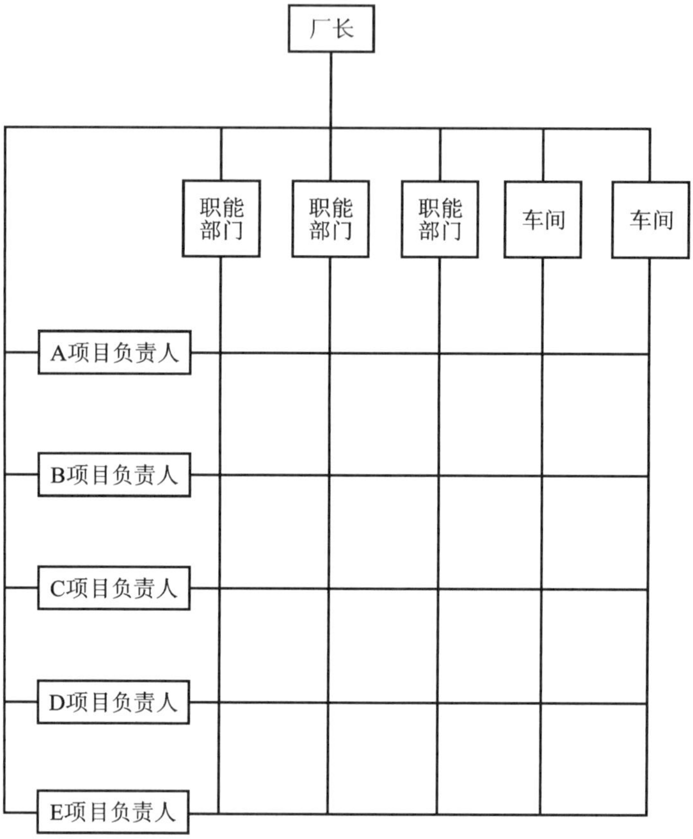

图 2-7　矩阵制组织结构示例

模块三

家政企业管理者

案例导入

心怀阳光，有爱前行

卓长立，阳光大姐集团董事长，第十二届、第十三届、第十四届全国人大代表，第十二届、第十三届全国妇联执委。担任全国家政服务标准化技术委员会秘书长、济南市妇联兼职副主席、济南市家庭服务业协会会长等职务。荣获全国优秀共产党员、全国五一劳动奖章、全国三八红旗手标兵等称号。

卓长立曾经是济南染织厂的一名下岗工人，经历了改革开放的洗礼。承包宾馆10余年，她带领着60多名下岗女工实现了再就业，成为自立自强再就业典型。2003年，她受济南市妇联委托，接手“阳光大姐”，全身心投入家政事业。她以服务大局为担当，以安置就业为己任，用“安置一个人，温暖两个家”“责任加爱心”等朴素理念，通过“阳光大姐”这一就业创业平台，把党的温暖传递给员工，带着姐妹奔小康。

一、信任和感恩是一路前行的源动力

2003年，由济南市妇联创立的已运营两年的“阳光大姐”准备进行公司制改革，市妇联在全市范围内寻找合适的带头人。成为带头人的条件有三个：对妇联组织有感情，对下岗职工有感情，有丰富的经营管理经验。这三个条件，卓长立全都符合。然而，那时的卓长立在承包宾馆，干得风生水起，十几年间，她把最初的一家宾馆做到了六家，员工由十几人增加到上百人。她本人更是获得再就业明星、劳动模范等多项荣誉称号。

“我那时候衣食无忧，生活非常安逸，孩子马上要考高中，也想安安稳稳地过日子，多一些时间陪孩子、陪家人。但当妇联领导找到我时，我觉得有责任把这副重担接过来。”

这种勇气从何而来？卓长立说了四个字：信任、感恩。

“我不是最好的，也不是能力最强的，但妇联领导可能认为我是最适合的。”凭着这份信任，无论在工作中遇到什么困难，卓长立都义无反顾地坚持下来。她哭过、累过、委屈过，但从来没有抱怨过、放弃过。最艰难的时候，她曾因为问题没有解决，连续三天不回家，吃住都在公司，心中只有一个信念，一定要把领导交办的工作做好，对得起领导的信任。

“除了信任，我还常怀感恩之心。”卓长立介绍，她是一名下岗纺织女工，是在省市各级领导的关怀下，实现了第一次创业——承包宾馆并取得成功，这次创业也改变了她的命运。“是党和政府培养了我、成就了我。尽我所能回报党和政府，责无旁贷！”

凭着这份朴素的情感，卓长立十几年如一日，勤勤恳恳，把“阳光大姐”打造成全国性的家政金字招牌，将自己与企业的发展融为一体。

二、“阳光大姐”的基因是“温暖”

卓长立衣着朴素利落，谈起家政滔滔不绝、充满激情。接手“阳光大姐”20多年来，她把这个当初经营面积只有12平方米的小型家政服务机构发展成为全国家政行业翘楚，服务内容包含母婴生活护理、养老服务、家务服务和医院陪护四大模块，拥有12大门类、40多种家政服务项目，服务范围涉及托育、母婴健康管理等领域。“阳光大姐”是首批国家级服务业标准化示范单位。“阳光大姐”利用大数据、人工智能技术打造“1＋N”社区新模式，挖掘“微需求”、促进“微就业”，为家庭提供便捷、高效、优质服务，激发家庭消费新活力。

“阳光大姐”是为有就业意愿的群体提供技能培训、就业安置，为家庭提供综合服务的家政机构。“‘让党的阳光照亮妇女的就业创业之路，把党的温暖送进千家万户’是‘阳光大姐’名字的寓意。可以说，她从诞生起就拥有红色基因。”卓长立介绍说。

“这么多年来，阳光大姐始终坚守创立时初心。”卓长立自豪地说。“阳光大姐”坚持“安置一个人，温暖两个家”的服务宗旨，为千千万万生活困难、就业困难人员提供了就业机会，为家庭送去了温暖。

三、用“雷锋精神”激励姐妹成长

家政服务承载着更多的社会责任，更需要榜样力量、精神指引。卓长立提出了开展“雷锋伴我行，阳光进万家”的主题活动。在她看来，雷锋精神的核心是爱党爱国、忠诚担当的理想信念，是干一行爱一行、专一行精一行的敬业精神，是锐意进取、自强不息的创新精神，是艰苦奋斗、勤俭节约的创业精神，是服务人民、助人为乐的奉献精神，与“阳光大姐”的职业精神不谋而合。

项目一　管理者概述

知识目标

1. 了解管理者的概念；
2. 区分管理者的类型；
3. 理解管理者的作用。

能力目标

1. 掌握管理者的角色；
2. 能够理解家政企业管理者的角色。

基础知识

一、管理者的概念

中外研究者对管理者的概念有不同认知。在我国，“管理”一词最初是指掌管事务。传说黄帝时代设百官，“百官以治，万民以察”，百官就是负责主管各方面事务的官员。“管理”一词出现得很早，既可以是动词，也可以作名词。如“万历中，兵部言，武库司专设主事一员管理武学”，其中的“管理”为动词；如“东南有平海守御千户所，洪武二十七年九月置。又有内外管理、又有碧甲二巡检司”，其中的“内外管理”为名词，表示官职。“管”和“理”都有管理、经营的意思，如《水浒传》中的“如今叫我管天王堂，未知久后如何”，《柳敬亭传》中的“贫困如故时，始复上街头理其故业”。管理表示掌管、管领、管摄、管主、管治、治理、经理的意思。

英语中，“管理”有“manage”（动词）和“management”（名词）两种形式。“management”既可表示管理，也可以表示管理人员。它可以翻译成“管理层”或“管理团队”，即承担管理职责的那些人，这视它出现在一段文字中间时上下文要表达的意思而定。

“科学管理之父”弗雷德里克·泰罗(Frederick Taylor)认为：“管理就是确切地知道你要别人干什么，并使他用最好的方法去干。”在泰罗看来，管理就是指挥他人能用最好的办法去工作。

综上所述，可以认为，管理者是管理行为过程的主体，管理者一般由拥有相应的权力和责任，具有一定管理能力从事现实管理活动的人或人群组成。管理者及其管理技能在组织管理活动中起决定性作用。管理者通过协调和监视其他人的工作来完成组织活动中的目标。

二、管理者的类型

从事管理工作，负有领导和指挥下级去完成任务、职责的企业成员就是管理者。管理者一般分为基层管理者、中层管理者、高层管理者。

1. 基层管理者

基层管理者是处于最前线的管理者，是从事生产、作业和其他业务工作的管理者。他们是连接管理者和非管理者的关键人员，他们对市场环境的变化往往比高层管理者更敏感。

2. 中层管理者

中层管理者包括所有处于基层和高层之间的管理者，这些管理者管理着基层管理者，他们通常具有部门经理、项目主管、工厂厂长，或者事业部经理的头衔。中层管理者是企业的中坚力量，他们执行贯彻高层管理者的意图，把任务落到基层单位，并检查督促协调基层管理者的工作，保证任务的完成。他们要完成高层管理者交办的工作，并向高层管理者提供进行决策所需的信息和各种方案。他们的作用是上情下达、下情上达、承上启下。

中层管理者在企业中的角色一直是一个具有争议的话题。研究者们曾经认为，中层管理者仅仅扮演信息的传递者、联络人或是任务分配者等角色，不能为企业创造价值，只能消耗企业资源。近年来，越来越多的研究表明，中层管理者在组织中处于一个重要的位置，他们负责通过解释和执行组织战略而实现组织目标，促进变革，创造高效的工作环境，保证企业顺畅运行，建立团队和激励下属，等等。

3. 高层管理者

组织结构中处于最高层的管理者是高层管理者。高层管理者有责任作出组织者的外部组织决定，设定计划，采用对组织有利的方式完成目标。他们经常被人们称作执行副总裁、总裁、总经理、业务总裁等。高层管理者必须是对组织的整体运作负责的人，他们制定战略与目标，代表企业与外界交往，根据环境的变化和机会确定组织的发展方向和使命。高层管理者的大部分时间用在与企业外部人员的交往上，从而为企业营造良好的生存环境，少部分时间用在与中层管理者接触上。

三、管理者的角色

扫码学习

亨利·明茨伯格的一项广为引用的研究认为，管理者扮演着十种角色，这十种角色又可进一步归纳为三大类：人际角色、信息角色和决策角色。

（一）人际角色

人际角色直接产生自管理者的正式权力基础，管理者在处理与组织成员和其他利益相关者的关系时，他们就在扮演人际角色。人际角色又包括代表人角色、领导者角色和联络者角色。

1. 代表人角色

管理者必须行使一些具有礼仪性质的职责。如管理者有时出现在社区的集会上，参加社会活动，或宴请重要客户等，在这样做的时候，管理者行使着代表人的角色。

2. 领导者角色

由于管理者对所在单位经营的成败负重要责任，他们必须在工作小组内扮演领导者角色。扮演这种角色时，管理者需和员工一起工作，并通过员工的努力来确保组织目标的实现。

3. 联络者角色

管理者无论是在与组织内的个人和工作小组一起工作时，还是在与外部利益相关者建立良好关系时，都起着联络者的作用。管理者必须对重要的组织问题有敏锐的洞察力，从而能够在组织内外建立关系和网络。

（二）信息角色

扮演信息角色时，管理者负责确保和其一起工作的人员具有足够的信息，从而能够顺利完成工作。管理责任的性质决定了管理者既是所在单位的信息传递中心，也是组织内其他工作小组的信息传递渠道。整个组织的人依赖于管理结构和管理者，以获取或传递必要的信息，以便完成工作。管理者必须扮演的信息角色具体包括监督者、传播者、发言人。

1. 监督者角色

扮演监督者角色时，管理者需持续关注组织内外环境的变化，以获取对组织有用的信息。管理者通过接触下属来收集信息，并且从个人关系网中获取对方主动提供的信息。根据这种信息，管理者可以识别组织的潜在机会和威胁。

2. 传播者角色

扮演传播者角色时，管理者需要将获取到的信息传递给组织成员，与他们共享信息，以帮助他们更好地完成工作。管理者作为组织内部的重要信息枢纽，需要将有关组织战略、政策、计划、目标等方面的信息传达给下属员工，确保他们了解组织的方向和要求。管理者也需要将员工的需求、意见和建议等信息反馈给上级领导，为决策提供依据。

3. 发言人角色

扮演发言人角色时，管理者需要向外部公众、媒体、政府机构、合作伙伴等传达组织的目标、政策、成就和发展方向等信息，以塑造良好的组织形象，增强组织的公众认可度和社会影响力。

（三）决策角色

扮演决策角色时，管理者需处理信息并得出结论。如果信息不用于组织的决策，它就失去了应有的价值。决策角色具体包括企业家、干扰对付者、资源分配者、谈判者。

1. 企业家角色

扮演企业家角色时，管理者需密切关注组织内外环境的变化和事态的发展，以便发现机会，并对所发现的机会进行投资，以利用这种机会。

2. 干扰对付者角色

扮演干扰对付者角色时，管理者需善于处理冲突或解决问题，如平息客户的怒气，同不合作的供应商进行谈判，或者对员工之间的争端进行调解，等等。

3. 资源分配者角色

管理者负责合理分配组织的各种资源，以确保组织的目标能够实现。作为资源分配者，管理者需要考虑组织的整体需求和各个部门的具体情况，对人力、物力、财力等资源进行有效的配置。

4. 谈判者角色

扮演谈判者角色时，管理者需把大量时间花费在谈判上，管理者的谈判对象包括员工、供应商、客户、其他工作小组等。

四、管理者的作用

在企业中，管理者的作用是领导全体员工共同实现企业的战略和经营目标，具体的管理活动主要体现在资源管理和决策制定两个方面。资源主要包括人力资源、资产资源、信息资源三个方面。

在人力资源管理方面，管理者的作用主要是代表、沟通和指挥。高层管理者代表企业整体，中层管理者代表企业的某个局部，基层管理者代表企业中的一个基层单位。管理者要在企业中进行上下左右的沟通，在上下级之间、横向之间建立和保持良好的人际关系。另外，管理者还要指挥和激励下级有效地完成任务。

在资产资源管理方面，管理者要准确解读企业资产负债表、现金流量表和利润表，有效发挥企业资产的积极作用，持续提升企业资产价值。

在信息资源管理方面，管理者的作用主要是有效地获取信息、处理信息和发布信息。管理者要保持信息渠道的畅通，保证信息的正常和快速传递、信息系统的正常运转。管理者要借助信息系统为做出正确决策收集大量有效的信息，并进行有效处理，发布指令并推动指令有效实施。

在决策制定方面，管理者的作用主要是制定决策和推动决策的实施。管理者在自己行使职权的领域内要制订解决问题的有效决策方案，并为决策方案得到有效实施而合理配置资源和协调各方矛盾。

项目二 家政企业家

知识目标

1. 了解企业家的概念；
2. 理解企业家精神的概念；
3. 理解家政企业家的概念。

扫码学习

能力目标

1. 掌握企业家精神的理论基础；
2. 有意识地培养企业家精神；
3. 掌握家政企业家应具备的特征。

基础知识

一、企业家的概念

在市场经济日趋激烈的竞争环境下，企业家作为企业发展中的关键因素，在推动企业持续增长、提升核心竞争力方面扮演着不可或缺的角色。企业家需发挥自身的主观能动性，为企业制定发展战略，引导企业遵循市场规律，并确立适应市场变化的宏观导向。在这一过程中，对企业家的概念进行精确界定，不仅有利于明晰其在企业发展中的地位和作用，也是深化和传承企业家精神的基础，对激发企业家的创新动力、优化资源配置具有重大的理论和实践意义。

从目前所梳理的所有文献资料中发现，企业家“entrepreneur”一词是从法语借来的，其原意是指“冒险事业的经营者或组织者”。在现代企业中，企业家类型大体可分为两类：一类是企业所有者企业家，作为所有者，他们仍从事企业的经营管理工作；另一类是受雇于企业所有者的职业企业家。在更多的情况下，企业家只指第一种类型，而把第二种类型称作“职业经理人”。目前对“企业家”一词还没有一个权威的、统一的定义。

爱尔兰经济学家坎蒂隆首次提及“企业家”的概念，他认为企业家是在市场中处于核心地位，并且可以承担风险，预测并投资未来的人。

法国经济学家萨伊认为，企业家是冒险家，是把土地、劳动、资本这三个生产要素结合在一起进行活动的第四个生产要素，他承担着可能破产的风险。

英国经济学家马歇尔认为，企业家是以自己的创新力、洞察力和统帅力，发现和消除市场的不平衡性，创造交易机会和效用，给生产过程提出方向，使生产要素组织化的人。

美国经济学家熊彼特认为，企业家是不断在经济结构内部进行“革命突变”，对旧的生产方式进行“创造性破坏”，实现生产要素重新组合的人。

美国经济学家德鲁克也认为，企业家是革新者，是勇于承担风险、有目的地寻找革新源泉、善于捕捉变化，并把变化作为可供开发利用机会的人。

由以上表述也可看出企业家的一些本质特征：冒险家、创新者。因此，我们不妨将企业家定义为：企业家是担负着对土地、资本、劳动等生产要素进行有效组织和管理、富有冒险和创新精神的高级管理人才。企业家与一般厂长、经理等经营者之不同，主要表现在于企业家敢于冒险，善于创新。企业家是经济学上的概念，企业家代表一种素质，而不是一种职务。

在社会共识中，企业家需具备的条件通常包括较为理性的思维品质、深厚的文化底蕴与专业领域的知识储备等要素。由此可见，果断和理性思维是企业家必备素质。

总体来说，企业家的基本概念包括三个方面。第一，企业家本人要有强大的综合能力和心理素质。第二，企业家创办企业的出发点，在于使公司利润最大化。第三，市场经济也是企业家基本概念的重要一环，是促进企业家成长的重要动力。因此，企业和企业家并非简单的等同关系，二者既有区别，又有联系。追求利润是企业经营的根本目的，但利润的多少只是影响企业家发展的因素之一。积极承担社会责任，服务经济社会发展才是一位合格企业家的价值取向。

二、企业家精神

恩格斯指出，“物质不是精神的产物，而精神本身只是物质的最高产物”，社会存在决定社会意识，社会意识在一定程度上反映社会存在。因此，企业家精神是企业家在经营管理活动中能够反映其实践活动的精神品质，是千千万万企业家内在品质的凝结，是企业家共有的价值观念和精神特征。这些精神特征将企业家区别于其他群体，是现代企业发展的强大动力。

（一）企业家精神的内涵

我国经济学家张维迎用四个要点概括了企业家精神，即简单化、想象力、毅力、对盈利机会的警觉性和耐心。自 2017 年《中共中央 国务院关于营造企业家健康成长环境弘扬优秀企业家精神更好发挥企业家作用的意见》发布以来，企业家精神被反复强调。企业家精神被视为从众多杰出企业家中提炼出的能够为经济社会发展带来益处的精神特质，被认为是一种无形的生产要素，旨在与个人的素质产生有机结合，为企业和社会创造源源不断的精神动力。时代环境影响着企业家精神的导向功能，新时代的企业家精神体现五大新特征：讲究诚信，互相尊重；肩负责任，回馈社会；重视创新，抓住机遇；敬业奉献，坚韧执着；善于思考，内外兼修。

在研究企业家精神的内涵时，国内的学者认为其内容非常广泛且不尽相同。此外，对于企业的不同发展阶段，企业家精神的侧重点也有所差别：在企业创立的初期，企业家精神更加注重创新及冒险；在企业运营稳定的成长期，企业家精神更强调抓住市场机遇，提高市场协调能力；在企业的经营成熟期，企业家精神体现在资源配置的能力上；在企业进行转型重组的阶段，企业家精神也体现在创新和冒险两方面。

（二）新时代企业家精神生成的理论基础

无论是在中国还是在国外，理论学者对于企业家精神的研究都有悠久的历史。追根溯源，不仅能从马克思主义哲学中得到启发，而且能厘清企业家精神在我国的发展脉络，从而加深对企业家精神的理解与阐释。

1. 马克思主义经典作家有关精神动力的论述

社会存在决定社会意识，而社会意识具有能动性，会对社会存在作出能动反映。马克思认为，精神力量在一定情况下，可以转化为促进物质世界发展的物质力量，这是马克思主义中最早关于精神动力的论述。随着时代发展，列宁认为最重要的精神动力是理想和信念，所以他提出了理想动力论。毛泽东提出了“物质变精神，精神变物质”的思想。物质变精神，其实是从客观到主观，从实践到认识的过程。人类通过自己的感官直观感受物质，从而在大脑中形成感性认识，再经过飞跃变为理性认识，就形成了精神思想；精神变物质，就是根据客观规律，在理论的指导下，将精神的力量转化成为物质的东西。骆郁廷认为，社会发展与精神动力密不可分，精神动力可以满足社会主义事业发展的需求，具有非常重要的理论意义。企业家精神作为一种影响我国现阶段发展的精神动力，对我国企业以及经济的发展至关重要。

2. 中国传统文化的商道精华

中华商道最核心的文化基因是儒家思想，它为中华商道提供了深厚的文化底蕴和价值体现。中国企业家精神的雏形可追溯到中国最初的“四大商帮”，即晋商、徽商、潮商、浙商。商人群体的出现，以及发源于传统儒学的商道思想的产生，是构成新时代企业家精神的重要理论基础。

晋商，一般是指明清时期的山西商人。晋商崇尚信誉，诚信为先。受儒家思想的影响，他们重视家风建设以及商业道德的教化，在商业活动中以义为本，先义后利，对个人品德的养成也尤其重视。

徽商，在明清时期主要活动于皖江区域。当时出现的“无徽不成镇”的局面，极大促进了皖江市镇的发展繁荣。徽商“贾而好儒”，重文重戏，推崇儒家的“官本位”思想，重视文化和教育。徽商精神还可概括为“徽骆驼”和“绩溪牛”精神。

潮商分布范围较广，只要是潮汕籍的商人都统称为“潮商”。因为潮汕近海，所以潮商具有敢于冒险的精神，具有非凡的胆识，刻苦耐劳，精打细算，善于经营。此外，在盈利的同时，潮商积极承担社会责任，积极回报社会。

湖商和宁波商组成了浙商群体。浙商具有乐观稳妥的政治态度、机智敏锐的战略眼光。他们在经营时，在追求利益最大化的同时也注重情义。

总而言之，诚实守信、先义后利、刻苦耐劳、以天下事为己任的传统商道精华是企业家精神的理论基础之一。

3. 习近平总书记关于企业家精神的论述

2014 年，在亚太经合组织工商领导人峰会上，习近平主席公开提及“企业家精神”一词，并指出：“市场活力来自于人，特别是来自于企业家，来自于企业家精神。激发市场活力，就是把该放的权放到位，该营造的环境营造好，该制定的规则制定好，让企业家有用武之地。”

2018 年 11 月 1 日，习近平总书记在民营企业座谈会上讲话中强调，非公有制经济要健康发展，前提是非公有制经济人士要健康成长。民营企业家要弘扬企业家精神，做爱国敬业、守法经营、创业创新、回报社会的典范。

习近平总书记在2020年7月召开的企业家座谈会上对企业家提出五点希望，同时强调我们要站在历史正确的一边，坚持深化改革、扩大开放，加强科技领域开放合作，推动建设开放型世界经济，推动构建人类命运共同体。习近平总书记在一系列有关经济形势的座谈会上都强调了企业家精神的重要作用，并指出企业家精神需要党和国家高度重视。

企业家精神是企业家所拥有的一种与众不同的精神特质。在不同的国家、不同的历史阶段，对企业家精神有着不同的表述。当代中国的企业家精神有以下极其重要的精神特征。

（三）企业家精神的特征

1. 企业家要拥有家国情怀

爱国敬业是企业家的道德底线；遵纪守法是企业家经营发展的底线；艰苦奋斗是企业家的初心，也是基业长青的秘诀。习近平总书记在全国政协十二届四次会议民建、工商联界委员联组会上发表重要讲话时曾对广大非公有制经济人士提出希望“做爱国敬业、守法经营、创业创新、回报社会的典范”，并提出了构建“亲”“清”新型政商关系。这是对民营企业家群体提出的道德和纪律要求，我国的企业家应以对党和国家的无限热爱之情，以法律为准绳，清清白白做好企业经营的事，清清楚楚守住政商关系的底线。

2. 企业家要培育不竭的发展动力

中国经济发展正处于新旧动能转换和转型升级的关键时期，民营企业作为中国经济最具活力的组成部分，在体制机制和创新方面有着独特的优势，应该成为推动新旧动能转换的重要力量。具体来看，就是要坚持品质为基、创新为核，在推动“旧动能”转型升级的同时，加快培育“新动能”，并不断超越追求卓越，培育发展更多勇争潍头的全球化企业，助力中国经济在全球经济舞台扮演更加核心的角色。

3. 企业家要有强烈的责任担当

广大企业家，尤其是青年企业家，应当具备大局意识和全局眼光。我们不仅要自立自信，推动自身发展，更要饮水思源，积极履行社会责任，共担服务社会的使命。实体经济是“大国重器”，是中国经济的根基，也是全面建成小康社会的重要保障。当前我国实体经济面临着复杂的局面和众多的挑战，振兴实体经济，需要以实干求实效的企业家精神。广大青年必将是中国实体经济振兴的中流砥柱，青年强，则国家强。

4. 企业家要具备创新思维

成功的企业都是在创新中产生、发展、壮大的，企业家的创新精神无处不在，有产品创新、技术创新、市场创新、组织创新，归根结底是思维创新。成功的企业家无一不是思维创新的“大师”，不仅要启其端更要善其事，而且灵魂深处始终要有“一波未了一波生”的创新亢奋。企业家只要发出“创业易，守业难，推动企业不断创造重生的奇迹，更加难上加难”的感叹，就说明他们的创新思维枯竭了,创新灵魂黯淡了。只要创新的步伐不停止,企业家就能够发现一般人无法发现的机会,就能够调动一般人不能调动的资源,就能够找到一般人无法想象的绝招儿,就会像大漠中不倒的胡杨,永远有昂首挺立的顽强生命力。

5. 企业家要具备工匠精神

严格遵循一丝不苟、精益求精的工匠精神,从来不弄虚作假、偷工减料。这种可贵的工匠精神,是一种让人钦佩的"职业道德",也是一种让人感奋的"达人追求"。作为一名的中国企业家,无论你从事什么行业,做什么产品,不仅要继承古老的工匠精神的本色,还要把这种工匠精神在高科技的条件下发挥到极致。市场竞争是残酷无情的,竞争最残酷的时候,成功的关键有时就取决于谁的技艺更精湛。而这一小点,恰恰就是企业家精神的闪光点。

6. 企业家要具备执着的敬业精神

企业家要有艺术家的飞扬激情,更要有"咬定青山不放松"的专心致志。见异思迁和缺乏战略定力,是企业家精神的大敌。企业家一生不知要碰上多少"迷人"的诱惑,任何诱惑都有着美妙无比的"理论"说辞。有时候,老僧入定般的执着就是企业家出色的敬业表现,因为成功往往就看能不能坚持到最后。

三、家政企业家

(一)家政企业家的概念

家政企业家过去通常是指那些在家政服务行业中创立并经营企业的个体,现在也指家政行业的职业经理人、合伙人。家政企业家在推动行业发展、创造就业机会、提升服务质量等方面发挥着重要作用。

(二)家政企业家常见类型

根据不同的经营模式和管理方式,家政企业家可分为如下几种类型:

1. 自营型家政企业家

自营型家政企业家拥有自己的家政服务团队,负责员工的招聘、培训、管理以及控制服务质量。他们通常与员工签订正式合同,并提供相应的社会保险福利。

2. 加盟型家政企业家

加盟型家政企业家通过支付加盟费用,使用已有的品牌和经营模式来开展业务。这种方式适合那些希望减少创业初期风险和快速进入市场的企业家。

3. 中介型家政企业家

中介型家政企业家主要负责匹配家政服务提供者和客户,收取中介费用。他们通常不直接雇佣家政服务人员,而是将客户的需求转达给自由职业者或其他小型服务提供商。

4. 个体经营者

个体经营者通常是单独经营，提供家政服务，可能不具备固定的办公地点和员工团队，而是根据客户需求灵活提供服务。

另外，随着家政企业规模的扩大，家政企业的合伙人、职业经理人是家政企业家的新类型。

（三）家政行业企业家应具备的特征

相比其他行业，家政企业是特殊的服务行业，客户要求个性化、企业难以规模化、员工难以员工制等都对家政企业创业者和经营者带来更多挑战。因而，家政企业创业者和经营者想要成功，应具备以下特征：

1. 市场洞察能力

家政企业创业者和经营者应对家政市场有深入的了解，能够准确把握行业动态和趋势，从而制定出符合家政市场和客户需求的发展战略。

2. 服务意识

家政企业创业者和经营者应深知服务品质的重要性，始终要将提升服务质量放在首位，注重培养员工的服务意识和专业技能。

3. 创新能力

面对竞争激烈的市场环境，家政企业创业者和经营者应勇于创新，不断探索新的服务模式和技术手段，以满足客户日益多样化的需求。

4. 人际沟通能力

家政行业涉及与众多客户、员工和合作伙伴的沟通，因此，家政企业创业者和经营者应具备较强的人际沟通能力，能够建立良好的人际关系，为企业赢得更多的合作机会。

5. 社会责任感

家政行业关注人的全生命周期，其服务对象涵盖各个年龄段的人，包括老人、儿童等弱势群体。家政行业属于民生行业，家政企业创业者和经营者应关注社会责任，积极参与公益活动，提升企业形象，同时可以在行业内树立良好的榜样。

项目三 家政企业管理者概述

知识目标

1. 了解企业管理者队伍的职业化；
2. 理解企业管理者的任务；
3. 理解家政企业主要职能部门管理者的职责。

能力目标

1. 掌握家政企业职能部门管理者的类型及职责；
2. 学会评估现实的家政企业职能部门管理者的职责。

基础知识

企业管理，就是由企业的管理层（或管理者）对企业的经济活动过程进行计划、组织、领导、控制，以提高经济效益，实现盈利这一目的的活动总称。企业管理者不仅要合理地组织企业内部的全部生产活动，还必须把企业作为整个社会经济系统的一个要素，按照客观经济规律，科学地组织企业的全部经营活动。这一切，都需要企业有一支高素质、强有力的管理者队伍。

一、企业管理者队伍的职业化

企业的正常运行，需要从事各方面管理工作的管理者，为了提高管理的效率和有效性，必须推动管理者队伍的职业化。除企业家外，按主要职能分工，企业管理者有以下几类：

1. 市场营销管理者

市场营销管理者主要从事以下几方面的组织管理工作：市场信息的收集，提出符合市场需要的产品计划，开展行之有效的宣传，分析顾客心理、需求的变化趋势，以及组织实际的产品推销活动。

2. 生产运作管理者

生产运作管理者掌管制造产品和提供服务的运作系统，负责计划和控制企业的日常生产活动。他们的主要工作包括：生产规划、质量控制以及有关工厂的布局、厂址的选择等。受技术进步和资源稀缺的影响，生产业务经理在企业中的作用不可低估。随着企业不断推进的非核心业务外包的发展，物流与供应链管理逐步成为生产运作管理的核心业务，提供一批新型的职业经理人岗位。

3. 财务管理者

财务管理者负责企业的资金筹集、预算、核算、成本控制和投资等各项管理及与之有关的其他活动。财务管理岗是企业的关键管理岗位。

4. 人力资源管理者

人力资源管理者负责对企业的人力资源进行管理，如人力资源的计划、招聘和选择组织所需要的合格人才，并对各类人员进行经常和有效的培训及合理聘用，建立合理而有效的业绩评估、晋升、奖励和惩罚等机制。随着市场竞争的日益激烈，人力资源的角色越来越关键，人力资源管理的难度也随之增大，人力资源管理者的地位显得越来越重要。

5. 行政管理者

企业内部行政事务是很烦琐的，行政管理者要帮助企业总经理把持好企业内部的各项流程，确保企业的正常运行和信息流畅。尤其是在大型企业中，行政管理方面的职业经理人扮演着更加重要的角色。

随着企业组织结构的变革与发展，国内外不少企业设立了专职的公共关系经理岗位，用于处理公共关系方面的事务。有的企业还设有研究与开发方面的经理岗位，用于组织新产品研发和协调、处理科技人员与其他部门的合作等事务。随着知识价值的提升，知识产权管理也逐步成为企业的重要管理领域，许多创新型企业相继设立了知识产权总监。由此可见，企业需要设置方方面面的职业管理岗位来管理其具体的运作活动。这些岗位的管理者无论级别高低，都必须清楚岗位的任务，要善于学习、不断进步，才能适应企业发展和岗位的需要。

二、企业管理者的任务

著名管理学家彼得•德鲁克很早就指出，那种只将管理者喻为乐团指挥的说法是不充分的。因为乐团指挥可以依据作曲家的作品——乐谱来进行工作，而对于企业管理者而言，他不仅要具有类似乐团指挥的能力，还必须具备类似作曲家的能力，要制定决策并领导决策的实施。管理者要能够充分认识自己所扮演的角色，并结合组织的需求扮演好自己的角色，完成管理者角色必须承担的任务。

企业管理者的根本任务是为企业创造更好的绩效。首先，管理者要定义（制定和明确）岗位的目标，并计划如何去实现这一目标。其次，管理者必须按计划的方案，组织资源来实现既定的目标。再次，管理者必须领导下属共同完成各项业务，进而实现企业的目标。最后，管理者必须对创造企业绩效过程中发生的偏离目标的问题实施控制。管理者必须认清实现企业目标的路径和测量绩效的方法，并告知员工，让他们明白要实施的控制措施及其意义，以获得全体员工对工作绩效的测量、分析、评估及纠正和改进活动的理解和支持。

三、家政企业职能部门管理者的职责

扫码学习

1. 市场营销管理者的职责

家政企业市场营销管理者的角色通常涉及制定和实施市场战略、推广品牌、管理销售活动，以及监督市场研究和分析，具体职责通常包括以下几个方面。①新品推广和市场开发，即负责推广家政产品、设计方案，并整合营销资源以推进品牌推广计划的实施。②内容创作和媒体管理，即撰写文案、管理宣传平台的内容发布，并进行运营维护，以提高品牌的关注度和活跃度。③市场调研，即关注行业动态、进行市场调研、适时调整宣传策略，做好品牌和形象的维护和推广。④数据监控和分析，即对营销和推广效果、推广渠道进行数据监控和反馈跟踪，分析推广数据，并对活动结果负责。⑤客户关系管理，即建立和维护客户关系，提高客户忠诚度和复购率。⑥团队领导和协调，即带领团队完成市场营销目标、协调内部资源，确保营销活动的顺利进行。

2. 财务管理者的职责

家政企业财务管理者通常负责企业的财务规划、预算管理、成本控制、财务报告编制、内部控制、税务管理等关键财务活动，主要职责包括以下几个方面。①制定财务政策和程序，即建立一套科学、规范的财务管理流程，确保所有财务活动的合规性和效益性。②预算管理，即负责编制和执行企业的年度财务预算，监控预算执行情况，并根据实际情况进行调整。③成本控制，即通过分析和监控企业的成本结构，发现成本节约的机会，提高企业的经济效益。④财务报告编制，即定期准备财务报表，包括资产负债表、利润表和现金流量表等，为管理层提供决策支持。⑤内部控制，即建立和维护内部控制系统，预防和检测财务欺诈，确保财务信息的准确性和可靠性。⑥税务管理，即确保企业遵守税务法规，合理规划税务事项，避免税务风险。⑦资金管理，即管理企业的现金流，确保有足够的流动资金来支持日常运营和长期发展。⑧财务分析，即通过财务分析，评估企业的财务状况，为管理层提供改善财务绩效的建议。⑨财务风险管理，即识别和评估财务风险，制定相应的风险管理策略，保护企业免受财务损失。⑩与外部机构沟通，即与银行、审计师、税务机关等外部机构保持良好的沟通关系，处理相关的财务事务。

3. 人力资源管理者的职责

家政企业的人力资源管理者扮演着重要的角色，负责管理和发展企业的人力资源，确保招聘、培训、绩效管理等符合法律法规和企业政策，具体职责通常包括以下几个方面。①监督和协调日常运作，即监督部门的日常运作，确保各项人力资源管理活动有序进行。②制定和实施策略，即制定人力资源策略和流程，以及公司的人力资源发展规划，并指导实施。③员工关系管理，即协助解决员工纠纷，管理员工关系，维护员工信息和档案记录。④薪酬和福利管理，即提供员工关于薪酬、福利和职业发展的咨询和支持，建立科学合理的劳动、薪酬、福利制度。⑤培训和发展，即组织制定员工的培训和发展计划，提升员工的专业技能和服务质量。

⑥绩效管理，即制定评价政策，组织实施绩效管理，并对绩效评价过程进行监督控制。⑦招聘和配置，即根据公司需求，编制实施招聘计划，促进人员的优化配置，并维护公司员工档案库及预备人才库。⑧法律合规性，即确保公司的人力资源管理活动遵守相关的劳动法律法规。

4. 行政管理者的职责

家政企业行政管理者通常负责公司的日常行政管理工作，确保公司内部运作顺畅。中小家政企业的行政管理者的职责也涉及人力资源管理、财务管理、客户服务管理等多个方面。

研讨题

1. 分析管理者的内涵，试说明更广泛意义上的管理者有哪些。
2. 家政企业职能部门管理者的职责主要包括哪些？

专创融合实训

1. 家政行业内职业(创业)榜样访谈(分组进行，每组 6～8 人)：

(1)选择家政行业内具有丰富从业或创业经验(3～5 年)的访谈对象各一位。

(2)每组选取的访谈对象不重复。

(3)形成访谈报告(访谈报告重点描述访谈内容和收获感悟)。

(4)本次活动成绩主要以上交的书面材料(访谈提纲、访谈报告、照片视频资料等，装订成册)为依据来评定，教师和其他团队对材料内容的真实性进行监督和质询。

以下访谈提纲可供参考：

· 您目前在单位的职位是什么？

· 您日常的工作内容有哪些？

· 如何描述最具有典型性的一个工作日？

· 工作中的创新表现有哪些？创新难吗？(如果访谈对象是创业者，此问题可改为“您认为创业成功的关键因素有哪些？”)

· 本职位的晋升路径是什么？

· 胜任本职位需要什么样的能力和素质？

· 您如何看待家政行业现状和未来发展趋势？

· 对于即将进入家政领域就业的大学生，您有什么建议(或者对于想在家政领域创业的大学生，您有什么建议)？

· 本次访谈，您还有什么补充？

2. 依据本章理论，以及受访榜样具备的企业家能力和素质，评估你已有的创业能力和欠缺的能力，并给出提高所欠缺的能力的具体途径。

模块四

家政企业战略管理

案例导入

轻喜到家企业战略与战略管理

一、明确市场定位与产品策略

轻喜到家明确将自己定位成为中国家庭生活提供高品质服务的管理平台。它的目标用户群体主要是追求高品质生活的家庭，这些家庭对家政服务有着多样化的需求，如日常保洁、月嫂服务、育儿嫂、老人护理、家居维修等。轻喜到家通过深入了解这些家庭的具体需求，为客户提供一站式、个性化的家政服务解决方案，以满足他们的多元化需求。

二、推进服务标准化与职业化

轻喜到家深知服务标准化与职业化对于家政行业的重要性，因此该企业通过总结一线服务经验，输出服务标准，构建起对行业具有高参考价值的服务质量标准。轻喜到家还积极推进员工制直营模式，对每位入职的服务人员都会进行严格的身份背景调查，确保服务人员的素质和专业性。这些措施不仅提高了企业整体服务安全性，也打破了中介模式下员工与客户之间的信任壁垒。

三、加强数字化建设

轻喜到家积极推进数字化建设，通过自研 Aide 3.0 系统等措施，实现了一键下单、一秒预约等便捷操作。轻喜到家还全面搭建包括劳动者身份认证、供需匹配、面试、售后管理等在内的家庭服务数字化基础设施，打造出了更智能、更人性化的中国家庭数字化生活服务平台。

四、注重品牌建设与营销推广

轻喜到家注重品牌建设与营销推广，通过发布年度品牌报告、参与行业评选、获得荣誉认证等方式，提高了品牌知名度和影响力。轻喜到家还利用节假日、活动节点等时机进行营销推广，回馈消费者的信任与支持。

五、拓展服务边界与全国布局

轻喜到家在巩固原有服务领域的基础上，不断拓展服务边界，涵盖更多家政服务领域。轻喜到家还积极推进全国布局，业务版图已拓展至全国多个一、二线城市，并计划在未来继续拓展至更多城市。

六、重视人才培养与产教融合

轻喜到家重视人才培养与产教融合，通过成立轻喜职业培训学校、与高校开展校企合作等方式，为社会输送了大批专业人才。

项目一　企业战略

知识目标

1. 掌握企业战略的概念；
2. 了解企业战略的特征；
3. 掌握区分不同类型企业战略的方法。

能力目标

能够运用企业战略的概念、特征及分类知识，分析实际家政企业案例，提出战略优化建议。

基础知识

扫码学习

一、企业战略的概念

企业战略就是着眼企业的未来，根据企业外部环境的变化和内部的资源条件，为求得企业生存和长期发展而进行的总体性谋划。在谋划过程中必须始终牢记企业愿景和宗旨。

二、企业战略的特征

企业战略具有整体性、长远性、整体最优性、风险性、社会性、灵活性、系统性、指导性等特征。

（一）整体性

企业战略是以企业全局为对象，根据企业总体发展的需要而制定的。它规定了企业的总体行为，从全局实现对局部的指导，使局部得到最优的结果，从而保证全局目标得到实现。

（二）长远性

企业战略的制定要以企业外部环境和企业内部条件的当前情况为出发点，并且对企业当前的生产经营活动有指导和限制作用。同时，企业战略制定的着眼点在于企业未来的生存和发展，只有面向未来，才能保证战略的成功。

（三）整体最优性

战略研究立足于组织整体功能，按照事物各个部分之间的有机联系，把总体作为研究的主要对象，在总体与部分之间的相互依存、相互结合和相互制约的关系中，揭示总体的特征与运动规律，发挥战略的整体优化效应，达到预期的目标。

（四）风险性

风险性的实质是组织的变革，这种变革的正确与否关系到组织的生存死亡，具有很强的风险性，在制定企业战略的时候必须采取防范风险的措施。战略既是关于组织在激烈的竞争中如何与竞争对手进行竞争的行动方案，也是面对组织外部各个方面的压力时应对各种变化的方案，具有明显的抗争性。

（五）社会性

企业战略研究不能仅仅立足于组织的目标，还要顾及国家和民族的利益，顾及组织成员的利益，顾及社会文化、环境保护等各方面的利益。制定组织战略时还要特别注意组织应承担的社会责任，注意树立良好的社会形象，维护组织的品牌。

（六）灵活性

企业战略能够对整个企业的发展起指导作用，同时企业的战略需要灵活设定。企业面对的外部环境是复杂的，在多变的环境中，企业所规划的战略也不可能是一成不变的，还需要根据行业的变化进行及时的调整，从而发挥战略对企业的指导优势，规避风险。

（七）系统性

企业战略应该立足长远发展，确立远景目标，并围绕远景目标设立阶段目标及实现各阶段目标的经营策略，以构成一个环环相扣的战略目标体系。同时，根据组织关系，企业总体战略需由各类子战略构成一个系统。

（八）指导性

远景目标，明确了企业的经营方针和行动指南，并筹划了企业战略界定了企业的经营方向、实现目标的发展轨迹及指导性的措施、对策，在企业经营管理活动中起着导向的作用。

三、企业战略的分类

企业战略按照层级和类别，可以分为企业总体战略、企业竞争战略、企业公司层战略、企业职能层战略、企业业务层战略。

（一）企业总体战略

美国哈佛大学商学院的安德鲁斯教授认为，企业总体战略决定和揭示企业经营目的和目标，确定企业重大的方针与计划、企业经营业务类型和人文组织类型以及企业应对职工、顾客和社会作出的贡献。企业总体战略主要是决定企业应该选择哪类经营业务，进入哪些领域。

（二）企业竞争战略

企业竞争战略又称企业经营战略，主要确定企业如何选择其经营的行业和如何选择在一个行业中的竞争地位，包括行业吸引力和企业的竞争地位。换句话说，企业竞争战略要解决的核心问题，是如何通过厘清顾客需求、竞争者产品及本企业产品这三者之间的关系，来奠定本企业产品在市场上的特定地位并维持这一地位。常见的竞争战略为总成本领先战略、差异化战略和集中化战略。

1. 总成本领先战略

总成本领先战略是指企业通过降低成本，使总成本低于竞争对手，从而获得长期竞争优势的战略。该战略的核心是通过规模经济、效率优化和成本控制，以更低的价格提供相同甚至更高价值的产品或服务，或通过成本优势获取更高利润。

2. 差异化战略

差异化战略是指企业通过提供独特的产品或服务，使其在顾客心目中形成鲜明的差异化形象，从而获得竞争优势。差异化战略的核心不是低价，而是通过创新、营销、设计、服务等创造额外价值，使消费者愿意支付溢价。

3. 集中化战略

集中化战略是指企业将资源集中于某个特定的细分市场（如特定客户群、产品类别或区域市场），通过成本领先或差异化来获取竞争优势。集中化战略的核心是聚焦，避免与行业巨头全面竞争，而是在某个利基市场建立独特优势。

（三）企业公司层战略

企业公司层战略包括发展战略、稳定战略和紧缩战略。

1. 发展战略

发展战略是指采用积极进攻态度的战略形态，主要适合行业龙头企业、有发展后劲的企业及新兴行业中的企业选择。它的具体战略形式包括：市场渗透战略、多元化经营战略、联合经营战略。

2. 稳定战略

稳定战略是采取稳定发展态度的战略形态，主要适合中等及以下规模的企业或经营不景气的大型企业，可分为无增长战略（维持产量、品牌、形象、地位等水平不变）、微增长战略（竞争水平在原基础上略有增长）两种形式。该战略强调保存实力，能有效控制经营风险，但发展速度缓慢，竞争力量弱小。

3. 紧缩战略

紧缩战略是采取保守经营态度的战略形态，主要适合处于市场疲软、通货紧缩、产品进入衰退期、管理失控、经营亏损、资金不足、资源匮乏、发展方向模糊的危机企业选择，可分为转移战略、撤退战略、清算战略三种形式。

（四）企业职能层战略

企业职能层战略是为实现企业总体战略和经营战略，对企业内部的各项关键的职能活动作出的统筹安排。企业的职能层战略包括财务战略、人力资源战略、研究与开发战略、生产战略、营销战略等。职能战略应特别注重不同的职能部门如何更好地为各级战略部门服务，以提高组织效率的问题。

总而言之，企业的总体战略和竞争战略分层次地表明了企业的产品、市场、竞争优势和基本目标，规定了企业的核心任务和总的方向。企业要实现这样的战略设想，必须通过有效的职能活动来运用资源，密切结合企业的人力、物力和财力与其生产经营活动的各个环节，与企业的总体战略和竞争战略协调一致才有可能成功。

（五）企业业务层战略

企业业务层战略是针对企业中能够独立运作的单个分部或战略业务单元（strategic business unit，SBU）而言的战略。总体上看，业务层战略考虑的是协调和合并单位战略，使它们与公司层战略协调一致；开发有特色的竞争能力和每个单位的竞争优势；确定产品市场的恰当位置并开发每项产品的竞争战略；监督产品和市场，以使战略在当前的发展阶段中适应产品市场的需要。

项目二 企业战略管理

知识目标

1. 了解战略环境分析内容与方法；
2. 掌握企业战略的制定；
3. 掌握企业战略的实施；
4. 掌握企业战略控制与评价。

能力目标

借助企业战略管理知识，初步学会管理企业的战略。

基础知识

企业战略管理是指企业确定其使命，根据组织外部环境和内部条件设定企业的战略目标，为保证目标的正确落实和实现进行谋划，并依靠企业内部能力将这种谋划和决策付诸实施，以及在实施过程中进行控制的一个动态管理过程。企业战略管理的主要内容有以下几个方面。

一、战略环境分析

战略环境分析是企业战略管理的起点，旨在了解企业所处的内外部环境，识别机会和威胁，评估企业的资源和能力。这一阶段主要包括外部环境分析和内部环境分析。

（一）外部环境分析

1. 宏观环境分析

使用 PEST 模型（政治、经济、社会、技术）分析宏观环境因素对企业的影响。

（1）政治环境指影响企业经营活动的政府政策、法律法规、国际关系、政治稳定性等因素。政治环境的变化可能带来重大机遇或风险，企业应当密切关注并动态调整战略。

（2）经济环境指影响企业运营和战略的宏观经济因素，包括经济增长率、通货膨胀率、利率、汇率、消费水平等。经济环境的变化直接影响市场需求、成本结构和竞争格局。

（3）社会环境指影响企业运营和市场需求的人口结构、文化趋势、消费习惯、价值观等社会性因素。社会环境的变化往往直接决定行业兴衰和产品成败。

（4）技术环境指影响行业发展和企业竞争力的科技创新、技术应用及数字化进程。技术变革可能颠覆传统商业模式，创造新市场，也可能使落后企业被淘汰。

2. 行业环境分析

迈克尔·波特在其所著的《竞争战略》一书中提出了影响竞争的五种力量，即潜在竞争者进入的能力、行业内的竞争、买方的议价能力、供应商的议价能力和替代品的替代能力，其成为行业竞争结构分析的主要模型。

(1)潜在竞争者进入的能力:潜在竞争者,是当前在本行业外,有能力和准备进入本行业的企业。

(2)行业内的竞争:行业内各企业之间的竞争关系和程度。

(3)买方的议价能力:买方与行业内企业交易中的砍价能力。

(4)供应商的议价能力:供应商与行业内企业交易中的抬价能力。

(5)替代品的替代能力:出现与本企业产品具有相同功能或类似功能的产品。

3. 竞争对手分析

识别主要竞争对手,分析其战略、确定竞争者目前战略、确定竞争者的目标、竞争者对行业的假定、确定竞争力的实力、竞争者的反应行为。竞争者分析目的在于预测竞争对手的行为,开展竞争者分析的重要性依赖于企业所处行业的结构。

(二)内部环境分析

1. 资源评估

资源评估旨在识别、分析和评价企业所拥有的各类资源,以确定其优势和劣势,为战略制定提供依据。内部资源包括有形资源和无形资源,涵盖财务、人力、技术、品牌、组织文化等多个方面。分析企业的有形和无形资源,如财务资源、人力资源、技术资源等。

2. 能力评估

能力评估是企业对自身在运营、管理、技术、创新等领域的综合实力进行系统性评价的过程。它旨在明确企业当前的能力水平、优势与短板,识别核心能力,为战略制定、资源配置和绩效改进提供依据。

3. 价值链分析

价值链分析旨在通过分解企业的各项活动,识别企业在创造价值过程中的关键环节,分析这些活动的成本、效率及对价值的贡献从而发现竞争优势的来源和改进方向。

二、企业战略的制定

企业战略的制定是在战略分析的基础上,确定企业的使命、愿景和目标,制定可供选择的战略方案,并选择最优战略。这一阶段主要包括确定企业使命和企业愿景、设定战略目标和制定战略方案。

(一)确定企业使命和企业愿景

1. 企业使命

企业使命是企业存在的根本原因和目的,回答"企业为什么存在"的问题。它明确了企业的核心业务、目标客户、价值主张以及社会责任,是企业一切行动的出发点。

2. 企业愿景

企业愿景是企业对未来的理想状态或长期目标的描述,回答"企业希望成为什么"的问题。它描绘了企业未来的发展方向和期望达到的成就,是激励员工和利益相关者的灯塔。

(二)设定战略目标

战略目标是企业为实现其使命和愿景而制定的长期方向性目标。它明确了企业在市场中的定位、业务发展的重点以及期望达成的成果,是战略规划的核心。

(三)制定战略方案

战略方案是企业为实现战略目标而设计的具体行动计划,涵盖资源分配、关键举措、实施路径及时间表。它是将战略目标转化为可操作步骤的桥梁,确保企业能够系统性地推进目标达成。

三、企业战略的实施

战略实施是将战略方案转化为具体行动并落地执行的过程,涉及资源调配、组织结构调整、流程优化、文化塑造等多个方面。它是联系战略规划与实际成果的关键环节,直接决定战略目标能否实现。

四、企业战略的控制与评价

企业战略的控制与评价是对战略实施过程进行监控和评估,确保战略目标得以实现,并根据实际情况进行调整。企业战略的控制与评价主要包括:制定衡量战略实施效果的指标和标准;定期收集和分析数据,监控战略实施的进展和效果;评估战略实施的实际绩效,与预定目标进行比较;根据绩效评估结果,及时调整战略或实施措施,确保战略的有效性。

项目三　家政企业战略环境分析

知识目标

1. 了解家政企业战略的政策环境；
2. 了解家政企业战略的经济环境；
3. 了解家政企业战略的社会环境；
4. 了解家政企业战略的技术环境。

能力目标

可借助 PEST 模型，独立完成对家政企业战略环境的深入剖析，并制定针对性战略规划。

基础知识

家政企业战略选择深受环境影响，本节对家政服务行业进行环境分析（PEST）。

一、政策环境（P）

家政服务是随着改革开放以来，城市经济的繁荣，城市建设高速发展，城市社区的兴起以及居民生活需求内容不断扩大而产生的新兴行业。家政服务是以家庭及其成员为主要服务对象，重点关注的是家庭生活的质量，所解决的是家务劳动社会化的问题。它所提倡的服务内容从传统的保洁，理家，照顾老人、孩子到如今的筹办婚礼、丧事、寿宴和家庭庆典，庆典用品出租，商品配送，家电维修，服装裁剪，送餐上门，房屋维修，家庭教育等，涉及人们生活的方方面面，为众多的家庭和个人带来方便。家政服务业相对于传统的农业和工业而言，归属于“第三产业”，该产业随着全民生活水平的提高获得了长足的发展。目前，大约 70％的城镇居民对家政服务有需求，市场前景广阔，有利于扩大就业，在发达国家中从事第三产业的人员已占全部从业人员的 60％～70％。我国的各级政府均非常重视并支持家政服务业的发展。

家政服务属于民生范畴，行业发展一直受到国家层面的高度重视。近年来，我国出台了一系列相关政策来促进家政服务行业发展。

2023 年 7 月，为更好发挥家政服务业促消费、惠民生、稳就业的作用，商务部等 16 个部门联合印发《2023 年家政兴农行动工作方案》（以下简称《方案》）。《方案》提出了 4 个方面 16 条措施。《方案》提出发挥家政劳务输出基地作用，加强中心城市家政企业与中西部市县对接，进一步畅通家政服务供需对接渠道；鼓励有条件的地方组织优秀家政企业“进商圈”“进社区”，拓展家政消费场景，提振家政服务消费，创造家政就业机会。鼓励开展劳务精准对接，帮助有愿意从事家政服务的农村转移劳动力直达社区服务网点就业。

2024 年 3 月，国家发展改革委办公厅、商务部办公厅发布《促进家政服务业提质扩容 2024 年工作要点》，聚焦家政服务“提质”，重点推进“十项行动”，旨在扩大优质家政服务供给。

“十项行动”包括建设“巾帼家政”服务品牌、建设“工益家政”服务品牌、发挥家政“领跑者”示范作用、开展家政产教融合专项行动、开展家政从业人员职业化水平提升行动等。我国家政服务行业相关政策见表 4-1。

表 4-1　我国家政服务行业相关政策

发布时间	发布部门	政策名称	主要内容
2021 年 10 月	国家发展改革委	《关于推动生活性服务业补短板上水平提高人民生活品质的若干意见》	结合推进城镇老旧小区改造和城市居住社区建设补短板，建设社区综合服务设施，统筹设置幼儿园、托育点、养老服务设施、卫生服务中心（站）、微型消防站、体育健身设施、家政服务点、维修点、便利店、菜店、食堂以及公共阅读和双创空间等
2022 年 12 月	国家发展改革委等	《国家发展改革委等部门关于推动家政进社区的指导意见》	推动家政企业嵌入社区综合服务中心、日间照料中心、托育机构、老年助餐点等现有社区公共服务设施，适当减免租赁费用，采取多种形式实现共享共用共管等
2022 年 12 月	国家标准化管理委员会等	《养老和家政服务标准化专项行动方案》	到 2025 年，依托国家级服务业标准化试点示范，部署 150 个养老和家政服务领域标准化试点和示范项目，树立一批标准化工作标杆、标准创新应用典范等
2023 年 7 月	商务部等	《县域商业三年行动计划（2023—2025 年）》	结合乡镇商业设施改造，引导餐饮、亲子、娱乐、维修等服务业态聚集，促进家政服务向县域下沉等
2023 年 12 月	国家发展改革委等	《国家发展改革委等部门关于支持和引导家政服务业员工制转型发展的指导意见》	引导和鼓励商业银行在市场化和商业自愿的前提下，对符合条件的员工制家政企业提供信用贷款。拓展员工制家政企业多元融资渠道，支持符合条件的员工制家政企业上市融资、发行债券等
2024 年 3 月	国家发展改革委办公厅、商务部办公厅	《促进家政服务业提质扩容 2024 年工作要点》	聚焦家政服务“提质”，重点推进“十项行动”，旨在扩大优质家政服务供给。“十项行动”包括建设“巾帼家政”服务品牌、建设“工益家政”服务品牌、发挥家政“领跑者”示范作用、开展家政产教融合专项行动、开展家政从业人员职业化水平提升行动等

二、经济环境(E)

近年来,我国经济运行态势良好,居民可支配收入不断增长,促使我国居民消费意愿持续高涨。在此背景下,人们对生活质量的追求日益提高,对家政服务的需求也在日渐增多,进而带动我国家政服务行业的发展。根据国家统计局发布的数据,2018—2023年我国居民人均可支配收入由28228元增长至39218元。2018—2023年我国居民人均可支配收入及增长速度如图4-1所示。

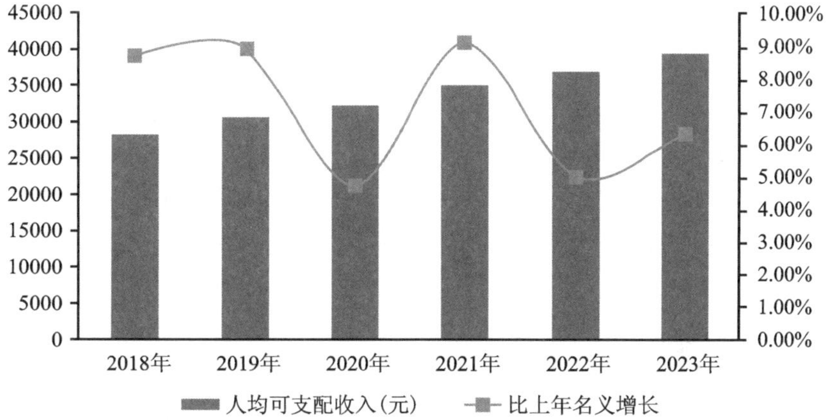

图4-1 2018—2023年我国居民人均可支配收入及增长速度

(资料来源:国家统计局)

居民人均可支配收入的增加带动居民消费热情,同时国民在家政、旅游等服务行业的消费增加,以此来改善自己的生活。近年来,我国家政服务业总体营业收入迅猛增长。到2021年,我国家政服务业总营收突破10000亿元,达10149亿元,同比增长15.57%。2022—2023年我国家政服务业总营收仍呈上升趋势。

家政服务业的积极发展会促进上游家政工具供应商、家政服务培训机构等迅速扩张,研发出更便捷、更先进的家政服务工具,培养更专业、更规范的家政服务人员,从而给予家政服务业更强有力的供给支持,持续推动家政服务业的发展。

三、社会环境(S)

随着社会分工的细化、城市家庭结构的小型化、人口的老龄化和生活的现代化,以及家庭在子女教育、个人健康、居室环境、休闲形式、社交往来等方面的变化,居民对包括干家务、照顾老人等方面的家政服务的需求将越来越多,要求将越来越高。随着保障保姆和雇主权利体系的日渐完善,家政服务市场的潜在消费需求将被激发。调查研究表明,我国大中城市有40%的家庭有家常类家政服务的需求,而经济发达城市对涉外保姆、月嫂、“白领家政”等专业技能类高端家政服务的需求激增。

一方面,城市是我国家政服务需求集中的地区,城市化进程的加快和城市人口的增加为家政服务行业的发展提供了肥沃的“土壤”。数据显示，截至 2023 年末，我国城镇常住人口数量达到 93267 万人，同比增长 1.3%；常住人口城镇化率达到 66.16%，比 2022 年末提高 0.94 个百分点。2018—2023 年我国城镇常住人口及城镇化率如图 4-2 所示。

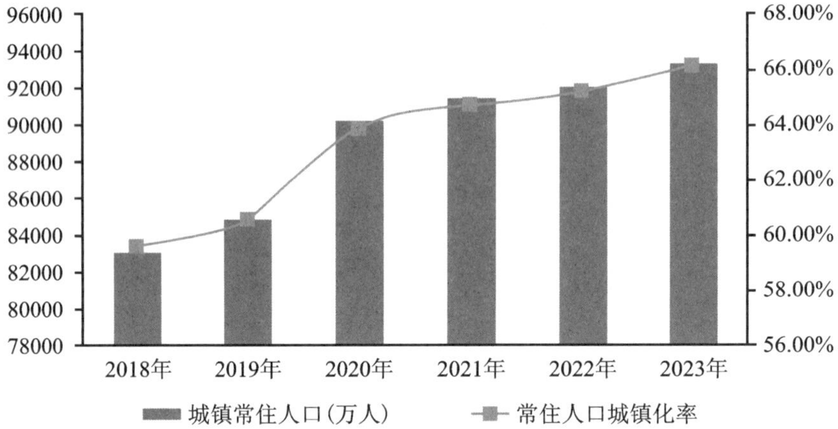

图 4-2　2018—2023 年我国城镇常住人口及城镇化率

（资料来源：国家统计局）

另一方面，由于儿女忙于工作，常常无法照顾老年人，因此越来越多的家庭选择家政服务。随着人口老龄化进程的加快，家政服务市场需求将持续增长。数据显示，近年来我国 65 岁及以上人口持续增长，由 2018 年的 16724 万人增长至 2023 年的 21676 万人；占全国人口的比例则由 2018 年的 11.9%增长至 2023 年的 15.4%。2018—2023 年我国 65 岁及以上老人人口及占比情况如图 4-3 所示。

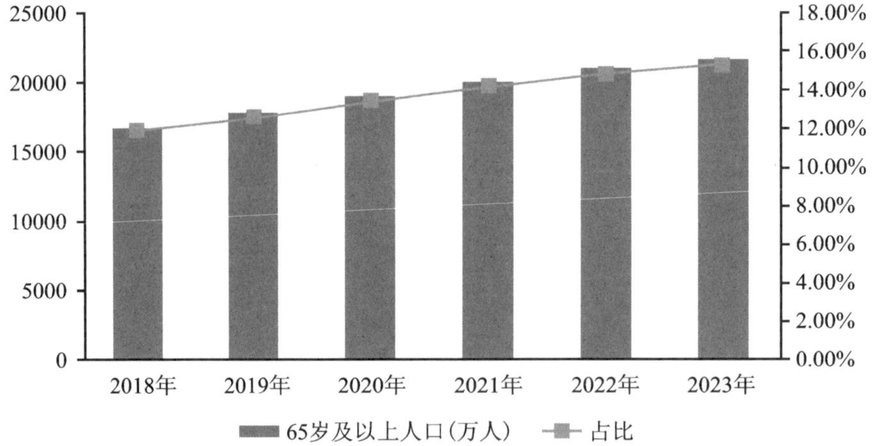

图 4-3　2018—2023 年我国 65 岁及以上老人人口及占比情况

（资料来源：国家统计局）

此外，“三孩政策”的放开，使得家政服务的潜在需求量较大；再加上现代社会节奏快，工作压力大，导致很多人常常无法兼顾工作、家庭和个人生活，因此需要家政服务来解决这一问题，这恰好为家政服务行业提供了很大的发展空间。

四、技术环境(T)

观研报告网发布的《中国家政服务行业发展现状研究与投资前景预测报告(2024—2031年)》显示,近年来,互联网、人工智能、大数据、云计算等技术的不断发展,不仅为我国在线家政服务模式发展提供了支撑,也为家政服务智能化提供了技术支持。一方面,通过"互联网+家政"能实现在线下单、视频面试、监督进度等服务,方便快捷又高效;另一方面,使用云计算和大数据等技术,家政服务企业不仅可以建立详细的客户资料库(包括偏好、饮食禁忌等信息),从而精准匹配家政服务人员,还能对上门家政服务人员进行管理、服务质量回访等,从而加强对从业人员的监管力度。这些技术的使用能大幅度提高家政服务质量和客户满意度,有利于行业可持续发展。此外,随着数字化技术的发展,我国家政服务行业也开始往数字化方向转型。数字化运营、数字化获客、智能客服等线上功能逐渐兴起,使得我国家政服务更加多元化、精细化、标准化和流程化。

总的来说,我国家政服务行业发展环境良好,这对于推动其发展大有裨益。未来,在政策、经济、社会等多重因素持续催动下,我国家政服务行业发展还将持续向好,市场仍具有较大发展潜力。

项目四　家政企业战略选择

知识目标

1. 掌握成本领先战略的含义、实现条件及实现方法；
2. 掌握差异化战略的含义及实践内容；
3. 掌握集中化战略的含义及特征。

扫码学习

能力目标

能依据典型企业战略的定义及特点，为不同类型企业制定并阐释契合自身发展的战略。

基础知识

一般而言，成本领先战略、差异化战略、集中化战略是被时间所反复检验的3种较为成功的服务竞争战略。选择合适的竞争战略是家政企业战略管理者面对市场所做的战略性回应。

一、成本领先战略

（一）成本领先战略的含义

成本领先战略又称低成本战略，是指企业在提供相同的产品或服务时，其成本或费用明显低于行业平均水平或主要竞争对手的竞争战略。

成本领先战略要求最大程度降低总成本，同时保证质量和服务。通过成本控制，在有利可图的情况下，以降低价格且持续保持降价能力把竞争对手从目标市场中驱逐出去。随着顾客对质量价格比的日益关注，低成本成为服务竞争的有力武器。成本领先战略也成为最直白、最具攻击性的竞争战略。

成本领先战略是一种内涵积累式战略，其内容是：降低成本，使成本低于竞争对手，以便在行业中赢得成本领先的优势，并获得高于行业平均水平的收益。成本领先战略体现了市场经济优胜劣汰的机制，推动了所处行业的革命性进步。

（二）实现成本领先战略的条件和措施

实现成本领先战略必须具备3个基本前提条件：服务产品的品质相同、企业资金实力雄厚、服务功能相同。

实施成本领先战略可以采取以下措施：调整企业资产结构和服务产品结构（规模经济）；压缩费用，减少支出；改善分销渠道和促销措施（传统营销渠道有批发商、代理商、零售商等，新型分销渠道有连锁经营、特许经营、生产企业自营销售组织、网上直销等）；在高成本、劳动密集型的工作中实现自动化。

扫码学习

(三)实现成本领先战略的方法

采用以下方法可以实现成本领先战略:

1. 寻找低端目标客户

有些客户的经营成本低,他们可以成为服务提供者的目标客户。一是市场上存在寻找简单的低价服务的潜在客户;二是对于同一服务,施加给某类客户要比施加给其他客户花费更少。

2. 寻找标准化客户

推广企业服务的"日常性""通用化""标准化"和"高效性"的概念,可使服务需求走向标准化。可利用简单重复的劳动产生经验曲线效应,从而大幅降低成本。

3. 降低服务人力成本

人力资源成本是可变成本,只有固定成本才能随着销售扩大实现摊薄。企业应该把资本用于购买先进设备以提高效率和稳定性,如购买自动服务机械,以便延长服务时间,提高便利性,从而获得更多市场份额,降低平均成本。

二、差异化战略

(一)差异化战略的含义

差异化战略是指企业通过独特的产品或服务来区别于竞争对手,从而获得竞争优势的一种策略。

差异化战略的核心在于使客户感到其所接受的服务是独一无二的,创造一种与众不同的服务消费感受。差异化有很多载体,包括形象、商标、技术、特色、客户服务、交易通路、规模等。差异化战略不能忽视成本,是基于目标客户可承受成本分析的战略选择,其目的在于明确细分市场,吸引目标客户,提升客户忠诚度。

(二)实现差异化战略的方法

1. 使无形服务有形化

服务本质上是无形的,而且不能给客户留下一些有形的提示物。服务的无形化通常会使与服务相关的记忆随服务感受的消逝而被淡忘,而有形产品由于其空间上的有形性时常使人们回忆起使用这个产品带来的效用。

2. 个性化策略

企业尽力满足客户特殊要求的个性化策略可以用低成本来赢得客户满意。如能记住客户姓名，会使客户觉得受到了尊重。这些突出人性化的策略能使企业在客户心中确立与众不同的感受定位，而这正是良好口碑产生的源泉。

3. 降低风险策略

服务的感知风险远高于有形产品，这是因为服务产品具有无形性、专业性和复杂性。如果顾客缺乏对消费服务的认识，就会担心或产生有风险的感觉，影响顾客对企业的忠诚度。

4. 关注员工培训

投资员工培训，可以提高服务品质，而这一竞争优势很难被复制和模仿。员工培训的作用主要有三个方面：①员工形象差异化。通过内部标准化、外部差异化树立一种独特的视觉差异形象。②人员服务差异化。本企业服务人员在专业技术、知识水平、服务态度方面的优点会被顾客感知为企业整体服务水平高超。③员工培训差异化。完善的人事开发、人员培训计划是企业服务质量持续提高的保证，也是难以超越的竞争优势。

5. 高质量策略

高质量对服务企业而言可以体现在自动化程度、员工专业素质和文化层次、程序的清晰度、服务范围的专一性、同事合作的熟练程度等方面。高质量策略可以通过控制顾客感受，使顾客满意于感知的服务质量来实现。

三、集中化战略

扫码学习

集中化战略，又称聚焦战略，是指针对特定的细分市场或客户群体，通过专业化来获得竞争优势的战略。

实行集中化战略，强调满足客户的特定需求，以便更好地服务目标市场。目标市场可以是一个特定的购买群体，也可以是某一特定的市场区域，或者是某一特定区域的市场。集中化战略建立在以下假设之上：服务于一个较窄目标市场的企业，比致力于服务较宽市场的企业更有效率。在较窄的目标市场上，企业可以更好地满足客户需求和提供更低的价格，以达到差异化的目的。

集中化战略实际上是成本领先战略和差异化战略在某一个市场区域中的具体表现。

研讨题

1. 企业战略有何特征？企业战略可以分为哪几类？

2. 结合家政企业实际，分析企业战略的整体性、长远性和风险性在企业运营中是如何体现的。

3. 从政策环境、经济环境、社会环境和技术环境（PEST）的角度分析，当前环境对家政企业发展有哪些机遇和挑战？

专创融合实训

1. 某家政企业战略管理调研和创新设计(分组进行,每组 6～8 人):

(1)选择某一家政企业对其战略管理实况调研。

(2)每组调研的家政企业不重复。

(3)形成调研报告。

(4)运用本章理论对调研企业进行战略选择创新设计。

(5)聘请调研企业的总经理(总监)评价创新设计成果是否具有采用价值。

(6)本次活动成绩主要以上交的书面材料(调研提纲、调研报告、照片视频资料、创新设计成果的应用价值等,装订成册)为依据来评定,教师和其他小组对材料内容的真实性进行监督和质询(家政企业战略选择设计创新对比表可参考表 4-2)。

表 4-2 家政企业战略选择设计创新对比表

组别:	联系方式:
家政企业名称	
原有战略选择	
经过创新设计的战略选择	
创新点 1	理由:
创新点 2	理由:
……	……

2. 依据本章理论,借鉴所调研的家政企业的战略选择,设计本组创业项目的战略。

模块五

家政企业财务管理

案例导入

某家政服务公司的财务管理

某家政服务公司主要提供保姆服务、保洁服务和家电维修服务。随着业务的不断发展，公司领导逐渐意识到财务管理的重要性，并开始着手建立一套科学、规范的财务管理制度。

其财务管理实践主要包括：

一、财务预算管理

公司根据年度计划和战略目标，制定了详细的财务预算。预算涵盖了各部门的支出，包括员工薪酬、设备采购、广告宣传、办公场地租金等。在实际运营过程中，公司定期监控预算执行情况，对超出预算的支出进行调整和控制，确保资金的合理使用。

二、收入管理

公司明确了收入确认的时间和标准，如服务完成、客户付款等；同时，建立了应收账款管理制度，及时催收款项，降低坏账风险。对于不同类型的服务收入，公司进行了分类管理，以便更清楚地了解收入来源和构成。

三、成本核算与控制

公司对成本进行了详细核算，将成本分为直接成本和间接成本。直接成本主要包括员工薪酬和清洁用品成本，间接成本则包括办公室租金、水电费、管理费用等。通过成本核算，公司发现人力成本占总成本的比例最大，因此开始优化薪酬结构，提高工作效率，以降低人力成本。公司还加强了物料采购和设备使用的管理力度，以减少浪费和降低成本。

四、税务合规与风险管理

公司严格遵守相关税务法规，准确计算税前利润，及时缴纳各项税费。此外，公司还加强了风险管理，定期进行内部审计和外部审计，确保账务处理符合会计准则和法律法规要求。通过风险管理，公司有效避免了账务错误导致的罚款和法律纠纷。

五、财务分析与决策支持

公司利用财务软件对财务数据进行分析，了解了自身的盈利模式、成本结构、现金流状况等。这些分析结果为公司制定业务决策提供了重要依据。例如，通过分析发现了高利润服务项目，公司优化了资源分配；通过分析成本增长原因，公司制定了降低成本的策略。

六、引入先进财务管理软件

为了提高财务管理的效率和保证准确度，公司引入了先进的财务管理软件。该软件具备账务处理、报表编制、财务分析等功能，极大地提高了公司财务管理的自动化和智能化水平。

通过以上财务管理实践，该家政服务公司实现了财务的规范化管理，提高了资金使用效率，降低了财务风险。这些成功的经验可以为其他家政企业提供有益的借鉴和参考。随着业务的不断发展，公司还需要不断完善和优化财务管理制度，以适应市场变化和公司发展的需要。

项目一 财务管理概述

知识目标

1. 了解财务管理的含义；
2. 熟悉财务管理的内容；
3. 熟悉财务管理的基本环节；
4. 理解资金的时间价值和投资的风险价值。

扫码学习

能力目标

初步建立理财的理念，并进行一定程度的实践。

基础知识

一、财务管理的含义

企业的生产经营活动包含生产经营业务活动和财务活动两方面。财务活动是指资金的筹集、运用、耗资、收回及分配等一系列行为。财务管理是指在一定的整体目标下，关于资产的购置（投资），资本的融通（筹资）和经营中现金流量（营运资金）及利润分配的管理。

二、财务管理的内容

（一）筹资管理

筹资管理指企业为了满足投资和用资的需要，筹措和集中所需资金的过程。筹资管理是财务管理的首要环节，是企业投资和用资活动的基础。筹资及筹资管理在企业发展过程中是贯穿始终的。在筹资过程中，企业一方面要确定筹资的总规模，以保证投资所需要的资金；另一方面要选择筹资方式，降低筹资的代价和筹资风险。

（二）投资管理

投资管理指企业资金的运用，是为了获得收益或避免风险而进行的资金投放活动。投资管理是企业财务管理的重要环节。投资决策对企业未来经营成本具有根本性影响。在投资过程中，企业必须考虑投资规模，还必须通过投资方向和投资方式的选择，确定合理的投资结构，以提高投资效益、降低投资风险。

（三）营运资金管理

营运资金管理是对企业流动资产和流动负债的管理，是财务管理的重要组成部分。营运资金管理主要是解决以下两个问题:①企业应该投资多少在流动资产上,即资金运用的管理,主要包括现金管理、应收账款管理和存货管理;②企业应该怎样来进行流动资产的融资,即资金筹措的管理,主要包括银行短期借款的管理和商业信用的管理。

(四)利润分配管理

企业通过投资必然会取得收入,获得资金的增值。利润分配总是作为投资的结果出现的,它是对投资结果的分配。广义地说,利润分配是指对投资收入和利润进行分割和分派的过程;狭义的利润分配指对利润的分配。利润分配管理就是要解决在缴纳所得税后的企业获得的税后利润中,有多少分配给投资者,有多少留在企业作为再投资之用。

如果利润发放过多,就会影响企业的再投资能力,使未来收益减少,不利于企业长期发展;如果利润分配过少,可能引起投资者不满。利润分配管理的关键就是确定利润的支付率,制定出最佳的利润分配政策。

三、财务管理的基本环节

(一)财务预测

财务预测是按照财务活动的历史资料,根据现实的要求和条件,对企业未来的财务活动和财务成果作出科学的预计和测算。财务预测是进行财务决策的基础,是编制财务预算的前提。

(二)财务决策

财务决策是财务人员根据财务目标的总体要求,从各种备选方案中选择出的最佳方案。财务管理的核心是财务决策,财务预测为财务决策服务,财务决策关系到企业的兴衰。

(三)财务预算

财务预算是运用科学的技术手段和数量方法,对财务目标进行综合平衡,制订主要的财务计划指标,拟订增产节约措施,协调各项计划指标。财务预算是以财务决策确立的方案和财务预测提供的信息为基础编制的,是财务预测和财务决策的具体化,是控制财务活动的依据。

(四)财务控制

财务控制是在财务管理的过程中,运用有关信息和财务手段,对企业财务活动进行调节,以完成预算指标、提高经济效益。实行财务控制是落实预算任务、保证预算实现的有效措施。

(五)财务分析

财务分析是根据核算资料,运用特定方法,对企业财务活动过程及结果进行分析和评价的工作。通过财务分析，掌握各项财务计划的完成情况，评价财务状况，掌握企业财务活动的规律性，改善财务预测、决策、预算和控制，改善企业经营管理水平，提高企业经济效益。

四、财务管理的基本观念

（一）资金的时间价值

资金的时间价值是指一定量资金在不同时点上价值量的差额，是经过一定时间的投资与再投资所带来的增加价值，反映的是无风险和无通货膨胀条件下的社会平均资金利润率。不同时间的资金价值不能直接进行比较，必须将其换算到相同的时间基点上后才能进行比较和研究。

资金的时间价值可以用绝对数（利息）和相对数（利率）两种形式表示，经常用相对数表示。资金时间价值的计算涉及两个重要概念：现值和终值。现值即本金，指未来某一时点上一定量现金换算到现在的价值。终值又叫“将来值”或“本利和”，指现在一定量的现金在将来某一时点上的价值。终值与现值的计算与利息的计算有关，分为单利计算法和复利计算法。

1. 单利计算法

单利计算法是只对本金计算利息，利息部分不再计息。计算公式如下：

$$\text{单利的利息 } I = \text{本金 } P \times \text{利率 } i \times \text{期数 } n$$

$$\text{单利的终值 } F = P \times (1 + i \times n)$$

$$\text{单利的现值 } P = \frac{F}{1 + i \times n}$$

2. 复利计算法

复利计算法是对本金和之前所产生的利息都要计息。

复利的终值计算：

$$F = P \times (1 + i)^n$$

复利的现值计算：

$$P = \frac{F}{(1 + i)^n}$$

（二）投资的风险价值

公司的理财活动都是在有风险的情况下进行的，风险和报酬是呈正相关的，风险越高，要求的收益补偿就越高。由于冒风险进行投资而获得的超过资金时间价值的额外收益，称为“投资的风险价值”。

从企业的角度来看，在经营过程中所面临的风险是不同的，分为经营风险和财务风险。经营风险是指企业生产经营活动本身的不确定性带来的风险，这种不确定性包括经营环境的变化、竞争格局的调整、原料供应和价格的变化、技术发展的变化等，这类风险是任何商业活动都有的，也叫“商业风险”；财务风险是指企业负债融资带来的风险，也叫“融资风险”。

项目二　家政企业财务分析

知识目标

1. 熟悉三张财务报表的内容；
2. 理解三张财务报表的功能；
3. 了解财务分析常用的三种方法。

能力目标

选取某一企业的财务报表，能够进行基本解读。

基础知识

财务分析是以会计核算和报表资料及其他相关资料为依据，采用一系列专门的分析技术和方法，对企业等经济组织过去和现在有关筹资活动、投资活动、经营活动、分配活动的盈利能力、营运能力、偿债能力和增长能力状况等进行分析与评价的经济管理活动。它可为企业的投资者、债权人、经营者及其他关心企业的组织或个人了解企业过去、评价企业现状、预测企业未来并作出正确决策提供准确的信息或依据。

一、三张财务报表

进行财务分析，要学会看懂三张财务报表：资产负债表、利润表和现金流量表。

（一）资产负债表——企业的照相机

资产负债表（表 5-1）是反映企业在某一特定日期（如月末、季末、年末）全部资产、负债和所有者权益情况的会计报表，是企业经营活动的静态体现。

表 5-1　资产负债表　　单位：百万元

资产	本期金额	负债和股东权益	本期金额
流动资产：		流动负债：	
货币资金	808	短期借款	1262
应收账款	1180	应付账款	688
预付账款	221	预收账款	950
其他应收款	21	其他应付款	9
存货	527	其他（应付职工薪酬、应交税费等）	1044

续表 5-1

资产	本期金额	负债和股东权益	本期金额
其他流动资产	290	非流动负债：	
非流动资产：		长期借款	1368
长期股权投资	60	应付债券	850
固定资产	5244	长期应付款	12
无形资产	168	其他非流动负债	793
长期待摊费用	9	股东权益：	
其他非流动资产	178	股本	498
		资本公积	202
		盈余公积	308
		未分配利润	722
资产总计	8706	负债和股东权益总计	8706

资产负债表呈左右结构，“资产”在左，“负债和股东权益”在右，并且始终体现着一种平衡关系，即资产＝负债＋股东权益。这是会计学中最基础的逻辑关系，称为“会计恒等式”。

资产负债表的“资产”一栏体现的是投入公司的资金都变成了什么：哪些仍然以钱的形式存在，哪些变成了应收款，哪些变成了原材料、产成品、在产品，哪些变成了厂房、设备等固定资产，等等。

资产负债表的“负债和股东权益”一栏体现的是企业的资金是从哪儿来的：哪些是股东投入的，哪些是从银行借的，哪些是公司欠供应商的，等等。

资产负债表只能描述制表时企业的财务状况，是一个时点的概念，相当于给企业的财务状况拍了张照片。

对资产负债表的判读，是为了评价企业资金的流动性和财务弹性。流动性越强，说明企业的资产能越快转换成现金，这是企业偿债能力大小的象征。一般而言，流动性越大的企业，破产的可能性越小。财务弹性则是指企业为适应未预见的需要和机会，采取有效的措施改变企业现金流的流量和时间的能力。通常，财务弹性强的企业，经营失败的风险越小。

（二）利润表——企业的摄像机

利润表（表 5-2）主要反映了企业是否赚了钱，钱是在哪里赚的这两个信息。利润表将可持续的营业利润与不可持续的营业外收支分别展示，可以帮助企业推断出自己在未来一段时间内的收益。

表 5-2 利润表

单位：百万元

项目	本期金额
一、营业收入	4454
减：营业成本	3191
税金及附加	15
销售费用	250
管理费用	302
研发费用	
财务费用	130
加：投资收益（损失以“－”号填列）	50
其中：对联营企业和合营企业的投资收益	
公允价值变动收益（损失以“－”号填列）	
资产减值损失（损失以“－”号填列）	
资产处置收益（损失以“－”号填列）	
二、营业利润（亏损以“－”号填列）	616
加：营业外收入 减：营业外支出	－7
三、利润总额（亏损总额以“－”号填列）	609
减：所得税费用	229
四、净利润（净亏损以“－”号填列）	380

利润表是一个时段的概念，说明了企业在过去的一段时间里赚了多少钱，相当于给企业的盈利状况录了一段视频。

（三）现金流量表

在研读利润表的时候，需要注意几点：①有收入不等于收到现金，因为企业有很多应收账款还没有收回来；②收到了钱却可能没有收入，因为预售时收了客户的货款却还没有发货，这笔预售款项就不能算自己的；③有费用也不等于要支付现金，因为固定资产在不断消耗，却用不着给别人付钱；④付出了现金也不一定会产生费用，企业预交了某项资产下一年的租金，获得了下一年的使用权，这时企业虽然得到了这项资产，却没有在当下产生费用。

用收入减去所有的成本费用等于利润，而用收到的所有现金减去付出的所有现金就产生了“现金流”的概念。利润并不等同于现金流。如果要了解现金的流向（即企业收到的钱和付出的钱的情况），就需要研读第三张表——现金流量表。

企业的所有活动都可以用经营、投资和筹资进行分类，现金流量表（表 5-3）就是从这三个角度，对企业现金的流入和流出进行了描述。

表 5-3 现金流量表

单位：百万元

项目	本期金额
一、经营活动产生的现金流量	
销售商品、提供劳务收到的现金	3000
收到的税费返还	0
收到其他与经营活动有关的现金	0
经营活动现金流入小计	3000
购买商品、接受劳务支付的现金	1750
支付给职工以及为职工支付的现金	1200
支付的各项税费	100
支付其他与经营活动有关的现金	450
经营活动现金流出小计	3500
经营活动产生的现金流量净值	－500
二、投资活动产生的现金流量	
收回投资收到的现金	0
取得投资收益收到的现金	0
处置固定资产、无形资产和其他长期资产收回的现金净额	0
处置子公司及其他营业单位收到的现金净额	0
收到其他与投资活动有关的现金	0
投资活动现金流入小计	0
购建固定资产、无形资产和其他长期资产支付的现金	5850
投资支付的现金	0
取得子公司及其他营业单位支付的现金净额	0
支付其他与投资活动有关的现金	0
投资活动现金流出小计	5850
投资活动产生的现金流量净额	－5850
三、筹资活动产生的现金流量	
吸收投资收到的现金	3200
取得借款收到的现金	5100
收到其他与筹资活动有关的现金	0
筹资活动现金流入小计	8300

续表 5-3

项目	本期金额
偿还债务支付的现金	0
分配股利、利润或偿付利息支付的现金	230
支付其他与筹资活动有关的现金	0
筹资活动现金流出小计	230
筹资活动产生的现金流量净额	8070

现金流量表展示了资产负债表上货币资金增减变化的原因，帮助企业知晓自己目前的资金情况。之所以要特别关注货币资金，是因为对于企业来说，钱是最重要的，关系到企业的生死存亡，现金流量表恰好起到了关注现金的来龙去脉、监控企业运作风险的作用。企业最希望现金大多从经营活动流入，因为源自经营活动的流入一般是可以长久持续下去的。在不同类型的流出中，企业最喜欢的是投资，因为投资的现金流出很可能在未来某日创造收益。

二、财务分析方法

（一）趋势分析法

趋势分析法是将两期或连续数期财务报告中的相同指标进行对比，以说明企业财务状况和经营成果的变动趋势的一种分析方法。它具体包括重要财务指标的比较、会计报表的比较和会计报表项目构成的比较。在采用此方法时，需要注意指标计算口径的一致性、剔除偶发性项目的影响以及应用例外原则。

（二）比率分析法

比率分析法是利用财务报表中两项相关数值的比率揭示企业财务状况和经营成果的一种分析方法。根据分析的目的和要求的不同，比率分析法所分析的主要有构成比率、效率比率和相关比率。这种方法的优点是计算简便，计算结果容易判断分析，可以使某些指标在不同规模的企业之间进行比较，甚至也能在一定程度上超越行业间的差别进行比较。但是，在采用此方法时，需要注意对比项的相关性和对比口径的一致性。

（三）因素分析法

因素分析法是用来确定几个相互联系的因素对分析对象（综合财务指标或经济指标）的影响程度的一种分析方法。采用这种方法的出发点是当有若干因素对分析对象产生影响时，假定其他各个因素都无变化，确定每个因素单独变化所产生的影响。

同理，家政企业财务分析的过程也是如此，在此不再赘述。

项目三　家政企业投资管理

知识目标

1. 了解投资管理的两种基本分类方法；
2. 熟悉流动资产管理的内容；
3. 熟悉固定资产管理的内容；
4. 理解投资目标评价的方法。

扫码学习

能力目标

1. 掌握现金投资管理的方法；
2. 掌握证券投资管理的几种类型。

基础知识

投资按投资方式可分为直接投资和间接投资。直接投资是将资金投放在生产经营性资产上，以便获得利润的投资，如购买设备、兴建厂房、开办商店等。间接投资指证券投资，是将资金投放在金融商品上，以便获得利息或股利收入的投资，如购买政府债券、购买企业债券和企业股票等。

投资按投资范围可分为对内投资和对外投资。对内投资是对企业自身生产经营活动的投资，如购置流动资产、固定资产、无形资产等。对外投资是以企业合法资产对其他单位或对金融资产进行投资，如企业与其他企业联营、购买其他企业的股票、债券等。

一、流动资产的投资管理

流动资产投资决策，指企业投资于现金、应收账款、存货等流动资产的决策。相对于长期资产投资决策，流动资产投资决策一般具有以下特点：①投资回收的时间短，流动资产一般一年或一个经营周期内可以收回；②变现能力强，流动资产短期内可以迅速变卖，获取资金；③占用资金波动大，流动资产占用的资金经常随销售的变化而变化，波动较大。流动资产投资管理的关键是保持资产的流动性。

（一）现金投资管理

现金投资管理主要应做好以下工作：

(1)要确定并持有适量的现金余额，以应付紧急情况使用；

(2)要编制现金预算，加强现金投资的计划性；

(3)要加强对现金日常管理的力度，提高现金使用效率；

(4)要合理处置余缺现金，做到灵活处理，把现金使用搞活；

(5)要编制现金收支报表及说明书，加强问题分析，提出改进措施。

(二)证券投资管理

证券是具有一定票面金额,代表财产所有权和债权,可以有偿转让的凭证。证券投资主要有以下投资方式:

1. 债券投资

债券投资指企业将资金投入各种债券,如国债、公司债和短期融资券等。相对于股票投资,债券投资一般风险较小,能获得稳定收益,但是要注意投资对象的信用等级。

2. 股票投资

股票投资是投资者购买其他企业的股票作为投资。股票投资的风险较大,但收益相对较高。

3. 组合投资

组合投资是将资金同时投放于债券、股票等多种证券,可以分散风险。这是证券投资常用的投资方式。

4. 基金投资

基金投资是投资者的钱和其他许多人的钱合在一起,然后由基金公司的专家负责管理,用来投资多家公司的股票或债券。基金投资可分为封闭式和开放式两种。

(三)应收账款投资管理

应收账款投资管理主要应做好以下工作:
(1)制定最佳的信用政策(包括确定信用标准、信用条件、信用期限、信用成本等);
(2)控制应收账款投资的适度规模;
(3)采取切实有效的收账策略和收账方针,在不断扩大信用、维护与客户的信用关系、增加收益的同时,将风险损失等信用成本降至最低。

(四)存货投资管理

存货是企业在经营过程为销售、生产耗用而储备的商品、材料物资、低值易耗品、包装物等。存货投资管理主要应做好的工作是:制定最佳订货批量、确定合理库存定额、优化库存结构、控制存货风险、提高存货管理效率。

二、固定资产管理

扫码学习

(一)固定资产的概念

固定资产是指企业为生产产品、提供劳务、出租或者经营管理而持有的、使用时间超过12个月的，价值达到一定标准的非货币性资产，包括房屋、建筑物、机器、机械、运输工具，以及其他与生产经营活动有关的设备、器具、工具等。固定资产是企业的劳动手段，也是企业赖以生产经营的主要资产。

根据财政部发布的《企业会计准则——固定资产》，固定资产是指同时具有下列特征的有形资产：①为生产商品提供劳务出租或经营管理而持有的；②使用寿命超过一个自然年度；③单位价值高。

固定资产同时满足下列条件的才能予以确认：①与该固定资产有关的经济利益很可能流入企业；②该固定资产的成本能够可靠地计量。

(二)固定资产的分类

根据我国现行的财务制度，企业固定资产分为以下七类：

1. 生产用固定资产

生产用固定资产指企业生产单位和为生产服务的行政管理部门所使用的各种固定资产，包括建筑物、运输设备、生产设备、仪器及实验设备，以及消防用具等生产使用的固定资产。

2. 非生产用固定资产

非生产用固定资产指非生产单位使用的各种固定资产，如职工宿舍、食堂、浴室等单位所使用的房屋、设备、器具等。

3. 租出固定资产

租出固定资产指出租给外单位使用的多余或闲置的固定资产。

4. 未使用固定资产

未使用固定资产指尚未使用的新增固定资产，调入尚待安装的固定资产，进行改建、扩建的固定资产，以及长期停止使用的固定资产。

5. 不需用固定资产

不需用固定资产指企业目前和以后都不需用，准备护理的固定资产。

6. 融资租入固定资产

融资租入固定资产指企业以融资租赁方式租入的机器设备、运输设备和生产设备等固定资产。

7. 接受捐赠的固定资产

接受捐赠的固定资产指企业接受其他单位或个人捐赠的固定资产。

(三)固定资产折旧

固定资产在使用过程中因损耗而转移到产品中去的那部分价值的一种补偿方式,叫作“固定资产折旧”。固定资产折旧的计算方法主要有平均年限法、工作量法、加速折旧法、年限总和法等。固定资产在物质形式上进行替换,在价值形式上进行补偿,就是更新。此外,还有固定资产的维持和修理等。

固定资产折旧指一定时期内为弥补固定资产损耗,按照规定的固定资产折旧率提取的固定资产折旧,或按国民经济核算统一规定的折旧率虚拟计算的固定资产折旧。固定资产折旧反映了固定资产在当期生产中的转移价值。各类企业和企业化管理的事业单位的固定资产折旧是指实际计提的折旧费;不计提折旧的政府机关、非企业化管理的事业单位和居民住房的固定资产折旧是按照统一规定的折旧率和固定资产原值计算的虚拟折旧。原则上,固定资产折旧应按固定资产当期的重置价值计算,但是我国尚不具备对全社会固定资产进行重估价的基础,所以暂时只能采用上述办法。

三、投资项目评价

项目投资评价指标根据是否考虑资金的时间价值,可分为非贴现指标和贴现指标。投资项目评价方法主要有以下几种:

(一)投资报酬率法(非贴现指标)

投资报酬率法依据会计报表上反映的收益成本数据计算项目的投资报酬率,不考虑时间价值。计算公式如下:

$$投资报酬率 = 平均利润额 \div 平均投资额 \times 100\%$$

上式中,平均利润额不是现金净流量,不包括折旧等;平均投资额可以用投资总额的50%代替,一般不可考虑固定资产的残值。根据计算结果,从中挑选出投资报酬率最高的项目,低于无风险投资报酬率的为不可行方案。

(二)回收期法

回收期是指收回全部投资总额所需要的时间。回收期法采用的计算公式如下:

$$投资回收期 = 投资总额 \div 年现金净流量$$

此外,静态投资回收期是在不考虑资金时间价值的条件下,以项目的净收益回收其全部投资所需要的时间;动态静态投资回收期是把投资项目各年的净现金流量按基准收益率折成现值之后,再来推算投资回收期。根据计算结果,从中挑选出回收年限最短的项目。

（三）净现值法（贴现指标）

净现值指某个项目未来现金流入的现值与未来现金流出的现值之间的差额，代表考虑时间价值情况下的收益超过投入的部分。计算公式如下：

净现值 NPV = 经营期每年相等的现金净流量 × 年金现值系数 − 投资现值

根据计算结果，从中挑选出净现值最大的项目。

（四）内含报酬率法

内含报酬率法指计算能够使未来现金流入量现值等于未来现金流出量现值的折现率，或者说是使投资项目净现值为 0 的折现率。

利用年金现值系数表，通过逐步测试，找到使净现值一个大于 0、一个小于 0 的且数值最接近的两个折现率，然后通过内插法求出内含报酬率。若某项目内含报酬率高于资本成本，则该投资项目可行。

同理，家政企业投资管理的过程也是如此，在此不再赘述。

项目四 家政企业融资管理

知识目标

1. 熟悉融资的几种分类方法；
2. 理解资金需要量的几种预测方法；
3. 熟悉资金成本的几种类型和计算方法；
4. 理解资本结构的含义和最优资本结构的判断标准。

扫码学习

能力目标

1. 掌握融资的主要方式；
2. 掌握资金成本的构成；
3. 掌握最优资本结构的判断标准。

基础知识

一、融资的含义

融资是指公司根据自身的生产经营状况、资金拥有的状况，从一定的渠道向公司的投资者和债权人去筹集资金，组织资金的供应，以保证公司正常生产需要、经营管理活动需要的理财行为。

二、融资的分类

融资可以按四种方式分类。

（一）按照取得资金权益特性的不同分类

1. 股权融资

（1）股权资本：包括实收资本（股本）、资本公积、盈余公积、未分配利润。
（2）股权融资的特点：财务风险小、资本成本高。

2. 债务融资

（1）债务资本：包括向银行借款、发行债券、融资租赁等方式取得的资金。
（2）债务融资的特点：财务风险大、资本成本低。

3. 衍生工具筹资

（1）混合融资：我国上市公司目前最常见的混合融资是可转换债券融资。

(2)其他衍生工具融资:我国最常见的其他衍生工具融资是认股权证融资。

(二)按是否以金融机构为媒介分类

1. 直接融资

直接融资是指企业直接从资本市场获得资金。比如企业发行股票、债券等筹集资金的活动。

(1)特点:不需要通过金融机构。

(2)运用:既可以筹集股权资金,也可以筹集债务资金。

(3)方式:吸收直接投资、发行股票、发行债券。

2. 间接融资

间接融资是企业借助于银行和非银行金融机构筹集资金。

(1)特点:手续相对比较简便;筹资效率高;筹资费用较低;容易受金融政策的制约和影响。

(2)运用:主要筹集债务资金。

(3)方式:银行借款、融资租赁。

(三)按资金来源范围的不同分类

1. 内部融资

内部融资是通过利润留存而形成的筹资。

2. 外部融资

外部融资是向外部筹措资金而形成的筹资。处于初创期的企业内部筹资的可能性是有限的,处于成长期的企业需要广泛开展外部筹资。

(四)按所融集资金使用期限的不同分类

1. 长期融资

长期融资包括吸收直接投资、发行股票、发行债券、长期借款、融资租赁、留存收益。

2. 短期融资

短期融资包括商业信用、短期借款、保理业务。

三、资金需要量的预测

企业筹集资金时应该以需定筹,精准测算企业资金需要量,常用的方法是销售百分比法。

销售百分比法是根据销售增长与资产增长之间的关系，预测未来资金需要量的方法。

销售百分比法将反映生产经营规模的销售因素与反映资金占用的资产因素连接起来，根据销售与资产之间的数量比例关系，预计企业的外部筹资需要量。

销售百分比法先假设收入、费用、资产、负债与销售收入存在稳定的百分比关系，根据预计销售额和相应的百分比预计资产、负债和所有者权益，然后利用会计等式确定融资需求。具体步骤如下：

1. 确定随销售额变动而变动的资产类和负债类项目

资产负债表中的项目按其与销售额之间的相关程度可分为敏感性项目和非敏感性项目。在资产类项目中，货币资金、应收账款、存货等流动资产项目一般会因销售额的增长而增长，为敏感性资产；在生产能力范围内，固定资产不随销售额的变动而变动，固定资产和无形资产为非敏感性项目。在负债类项目中，应付账款、应交税费、银行借款等短期负债都随着销售额的增加而增加，为敏感性项目，而长期负债通常为非敏感性项目。

2. 确定经营性资产与经营性负债有关项目与销售额的稳定比例关系

如果企业资金周转的营运效率保持不变，经营性资产与经营性负债会随销售额的变动而呈正比例变动，保持稳定的百分比关系。企业应当根据历史资料和同业情况，剔除不合理的资金占用，寻找资产或负债与销售额的稳定百分比关系，其计算公式如下：

$$\text{资产销售百分比} = \text{敏感性资产} \div \text{销售额}$$

$$\text{负债销售百分比} = \text{敏感性负债} \div \text{销售额}$$

3. 根据销售增加量确定资金需要量

$$\text{资金需要量} = \text{销售收入增加额} \times \text{资产销售百分比}$$

4. 计算内部融资量

$$\begin{aligned}\text{内部融资量} &= \text{留存收益增加} \\ &= \text{预计销售量} \times \text{计划销售净利率} \times (1 - \text{股利支付率})\end{aligned}$$

5. 计算外部融资需求

$$\text{外部融资需求} = \text{资金需要量} - \text{内部融资量}$$

销售百分比法的优点：能为筹资管理提供短期预计的财务报表，以适应外部筹资的需要，且易于使用。但在有关因素发生变动的情况下，必须相应地调整原有的销售百分比。

注意：各企业资产、负债汇总各项目与销售收入的关联情况不一定是相同的，应当考察企业本身的历史资料。

四、资金成本

资金成本（又称资本成本），是为取得资金使用权所支付的费用，项目投资后所获利润额必须能够补偿资金成本，才能有利可言。因此，基准收益率最低限度不应小于资金成本，否则便无利可图。

资金成本包括筹资费用和用资费用两部分。

筹资费用是指资金筹集过程中支付的各种费用，如发行股票或发行债券支付的印刷费、律师费、公证费、担保费及广告宣传费。需要注意的是，企业发行股票和债券时，支付给发行公司的手续费不作为企业筹集费用。因为此手续费并未通过企业会计账务处理，企业是按发行价格扣除发行手续费后的净额入账的。

用资费用是指占用他人资金应支付的费用，或者说是资金所有者凭借其对资金所有权向资金使用者索取的报酬，如股东的股息、红利、债券及银行借款支付的利息。筹资费用、用资费用与资金成本率的关系可用以下公式表示：

$$\text{资金成本率}=\frac{\text{用资费用}}{\text{筹资总额}-\text{筹资费用}}=\frac{\text{用资费用}}{\text{筹资总额}\times(1-\text{筹资费用率})}$$

（一）长期负债资金成本

长期负债包括长期银行借款、应付公司债及长期应付款。从资金成本的基本原理来讲，长期应付款与长期借款的情况类似。下面主要讨论长期银行借款与应付公司债的资金成本的计算。

1. 长期银行借款的资金成本

长期银行借款是企业获取长期资金的重要方式之一。它的特点是偿还期长，利率在债券期限内不变，利息费用作为费用于税前列支，因而，利息可产生节税效应。无抵押长期借款的资金成本实际上只是税后资金占用成本。无抵押长期银行借款的资金成本率计算公式如下：

$$\begin{aligned}\text{无抵押长期借款的资金成本率}&=\frac{\text{年利率}\times\text{筹款总额}\times(1-\text{所得税率})}{\text{筹款总额}-\text{筹资费用}}\\&=\frac{\text{年利息额}\times(1-\text{所得税率})}{\text{筹资总额}\times(1-\text{筹资费用率})}\\&=\text{年利率}\times(1-\text{所得税率})\end{aligned}$$

对于抵押借款，还要考虑抵押及担保资产的机会成本。抵押长期借款资金成本可以把抵押条件和筹资过程中发生的相关费用作为筹资费用。这些筹资费用包括：

(1)公证机构对抵押品及担保的公证费；

(2)担保品及抵押品的保险费；

(3)律师签证费；

(4)银行所要求的手续费；

(5)抵押设定的各种费用；

(6)其他因抵押而产生的机会成本。

2. 应付公司债的资金成本

应付公司债是指期限在一年以上，由公司发行的，用来筹集资金的一种长期负债。应付公司债券具有确定的期限、票面面值和票面利率，可以平价、溢价和折价发行。债券利息是在税前支付的，因此有节税效应，发行公司往往存在筹资费用，其筹资费用一般包括印刷费、信誉评估费、公证费、其他有关附带费用，但支付给代理发行承销商（证券公司）的手续费不构成筹资费用，因为在会计上不构成财务费用，而是按实际筹得的资金入账。债券资金成本率计算公式如下：

$$\text{债券资金成本率} = \frac{\text{债券面值} \times \text{票面利率} \times (1 - \text{所得税率})}{\text{债券价格} \times (1 - \text{发行费率})}$$

中国证券投资资金招募说明书对发行价格的说明是：发行价格 1.01 元，面值 1.00 元，发行费用 0.01 元，募集资金 1.00 元。因此，实际筹集资金是不含发行费用的，发行费用在企业会计处理上不作反映。如果是平价发行，则实际筹集资金等于发行债券面值总额；如果是折价发行，实际筹集资金小于债券发行面值总额；如果是溢价发行，实际募集资金大于发行债券面值总额。

（二）优先股资金成本

股票筹资分为优先股筹资和普通股筹资。优先股是因为它对公司的股利和剩余财产优先分配而得名。优先股的基本特点是：

（1）股息率是固定和稳定的，与债券利率类似，因优先股股利于税后支付，因而优先股股利无节税效应；

（2）具有对股利、剩余财产的优先分配权；

（3）有筹资费用，如印刷费、公证费等，不含支付给承销商的发行手续费。因为股票筹资所筹到的资金是扣除手续费后的余额，其发行手续费不通过企业入账。由于发行的股票一般为无纸股票，因而无印刷费，其他筹资费用金额相对较少，为了简化资金成本的计算，可不予考虑。

优先股资金成本为年股息额。需要注意的是，优先股资金成本率并不是年股利率，因为股票一般是溢价发行的，其资金成本率一般小于年股利率。优先股资金成本率计算公式如下：

$$\text{优先股资金成本率} = \frac{\text{每股年股息}}{\text{股票价格} \times (1 - \text{发行费率})} = \frac{\text{股票面值} \times \text{股利率}}{\text{股票价格} \times (1 - \text{发行费率})}$$

（三）普通股资金成本

发行普通股是股份公司筹资的主要形式之一。普通股股东对公司的股利分配依公司的经营效益而定，其分配股利的不确定性和波动性较大，因此所计算的普通股资金成本是一个期望的估计数。计算普通股资金成本的假设前提应是企业未来的一个比较稳定的且逐年增长的股利分配。离开这一前提，计算普通股资金成本是没有意义的。普通股资金成本率计算公式如下：

$$\text{普通股资金成本率} = \frac{\text{第一年预计年股息}}{\text{股票价格} \times (1 - \text{发行费率})} + \text{普通股年股利增长率}$$

（四）留存收益资金成本

一般企业不会把盈利以股利形式全部分给股东，企业只要有盈利，总会有留存收益，不管这部分盈余是否发放给股东，其所有权仍属于股东。保留盈余是投资者对企业进行的再投资，作为再投资，投资者要求有适当的报酬率，此报酬就是保留盈余的资金成本率。如果投资得不到适当的报酬率，股东就会将股票抛售，或把此盈余作为股利分配后投资于别处，这是股东的机会成本，但它不会发生筹资费用。留存收益资金成本率的计算公式如下：

$$留存收益资金成本率=\frac{用资费用}{筹资总额}+普通股年股利增长率$$

（五）加权平均资金成本

加权平均资金成本是考察企业综合资金成本高低的一种指标。加权平均资金成本率的计算公式如下：

$$加权平均资金成本率=\sum_{i=1}^{n}(第\ i\ 种资金的资金成本\times 第\ i\ 种资金占全部资金的比重)$$

五、资本结构

（一）资本结构的概念

资本结构，是指企业各种资本的价值构成及其比例关系，是企业一定时期筹资组合的结果，其意义有广义和狭义之分。

广义的资本结构是指企业全部资本的构成及其比例关系。企业一定时期的资本可分为债务资本和股权资本，也可分为短期资本和长期资本。

狭义的资本结构是指企业各种长期资本的构成及其比例关系，尤其是指长期债务资本与（长期）股权资本之间的构成及其比例关系。最佳资本结构便是使股东财富最大或股价最大的资本结构，即使公司资金成本最小的资本结构。

（二）最优资本结构

最优资本结构的判断标准有以下三个：

（1）有利于最大限度地增加所有者财富，能使企业价值最大化；

（2）企业加权平均资金成本最低；

（3）资产保持适当的流动，并使资本结构富有弹性。

其中，加权平均资金成本最低是判断最优资本结构的主要标准。

（三）资本结构的影响

1. 保持合理的资本结构有利于提高企业价值

债务融资能够给企业带来财务杠杆收益和节税收益。当总资产息税前利润率大于债务成本率时，企业进行债务融资，可以获得财务杠杆收益，提高企业价值；企业进行债务融资可以带来节税收益，提高企业价值。但随着债务融资的增长，企业面临的财务风险就会增大，进而可能使企业陷入财务危机及破产。

2. 通过影响投资者对企业经营状况的判断以及投资决策来影响企业价值

资本结构向外部投资者传递了有关企业价值的信息，影响外部投资决策，从而影响企业价值。管理者持股和主动回购股权被投资者看作企业前景良好的一个信号，这是因为管理者承担了一定的风险。

3. 通过影响企业治理结构来影响企业价值

债务融资能够促使企业经营者努力工作，选择正确的行为，向市场传递企业经营业绩良好的信号，有助于外部投资者对企业未来经营状态作出正确判断。

同理，家政企业融资管理的过程也是如此，在此不再赘述。

项目五　家政企业利润分配管理

知识目标

1. 熟悉利润分配的主要方式；
2. 熟悉利润分配的决策过程。

能力目标

能够进行家政企业利润分配管理。

扫码学习

基础知识

一、利润分配的概念

利润分配是指企业在完成各项经营活动后，根据一定的规则和原则将净利润分配给利益相关者。利润分配是企业经营活动管理的一项重要任务，对企业的稳定发展和固定利益的最大化具有重要意义。

企业的盈利能力是利润分配的基础。盈利能力是企业经营结果的重要指标，通常用净利润来衡量。

二、利润分配的主要方式

（一）留存盈余

留存盈余指企业将一部分利润留存作为未分配利润，用于企业的发展和扩大经营规模。留存盈余可以用于增资扩股、更新设备、研发创新等方面。

（二）分配现金红利

分配现金红利指企业将利润以现金形式分配给股东。分配现金红利是利润分配中较常见的方式，可以提升股东对企业的投资兴趣。

（三）转增股本或送股

转增股本或送股指企业将利润以股票的形式分配给股东。这种方式可以增加股东的持股比例，增加股东的收益。

（四）偿还债务

偿还债务指企业将部分利润用于偿还债务（包括利息和本金）。这种方式可以降低企业的债务风险，提升企业的信誉度。

（五）奖励员工

奖励员工指企业通过设置奖励机制，将部分利润分配给员工。这种方式可以提高员工的积极性和工作动力。

三、利润分配的决策过程

（一）确定利润归属范围

企业需要确定利润归属范围，即哪些利益相关者有权分享企业的利润。利益相关者主要包括股东、债权人、员工等。

（二）制定利润分配政策

企业需要制定一套公平、合理的利润分配政策，明确各种利润分配方式的比例和条件。利润分配政策应当考虑企业的经营状况、发展需要和利益相关者的合理权益。

（三）制定利润分配方案

企业根据实际情况制定具体的利润分配方案，并进行内部审批和公告。利润分配方案可以根据企业的盈利能力、发展战略和股东诉求等因素进行调整。

（四）执行利润分配

企业需要按照利润分配方案将利润分配给利益相关者，并进行相关的会计核算和报告。

同理，家政企业利润分配管理的过程也是如此，在此不再赘述。

项目六 家政企业的依法纳税与合理节税

知识目标

1. 熟悉企业主要缴纳的税费；
2. 熟悉税收筹划的含义和特点。

能力目标

掌握企业的合理节税策略。

基础知识

一、企业主要缴纳的税费

（一）流转税

流转税是对流转额征税，主要包括增值税、消费税、关税等。此类税与商品生产、流通、消费密切联系，征税多少对商品经济活动有着直接影响。流转税主要有以下特点：

（1）以商品生产、交换和提供商业性劳务为征税前提。征税范围较为广泛，既包括第一产业和第二产业的产品销售收入，也包括第三产业的营业收入。税源比较充足，既对国内商品征税，也对进出口的商品征税。

（2）以商品、劳务的销售额和营业收入作为计税依据，一般不受生产、经营成本和费用变化的影响，可以保证国家能够及时、稳定、可靠地取得财政收入。

（3）一般具有间接税的性质，特别是在从价征税的情况下，税收与价格的密切相关，便于国家通过征税体现产业政策和消费政策。

（4）同有些税类相比，流转税在计算征收上较为简便易行，也容易为纳税人所接受。

增值税和消费税是流转税中很重要的两类税收。

增值税是以商品（含应税劳务）在流转过程中产生的增值额作为计税依据而征收的一种流转税。从计税原理上说，增值税是对商品生产、流通、劳务服务中多个环节的新增价值或商品的附加值征收的一种流转税。实行价外税，也就是税款由消费者负担，有增值才征税，没增值不征税。

在实际当中，商品新增价值或附加值在生产和流通过程中是很难准确计算的。因此，中国也采用国际上普遍采用的税款抵扣的办法，即根据销售商品或劳务的销售额，按规定的税率计算出销售税额，然后扣除取得该商品或劳务时所支付的增值税款，也就是进项税额，其差额就是增值部分应交的税额，这种计算方法体现了按增值因素计税的原则。计算公式为：

$$应纳税额 = 当期销项税额 - 当期进项税额$$

$$销项税额 = 销售额 \times 税率$$

销售额 = 含税销售额 ÷ (1 + 税率)

消费税是对在中国境内从事生产和进口税法规定的应税消费品的单位和个人征收的一种流转税，是对特定的消费品和消费行为在特定的环节征收的一种间接税。消费税实行价内税，只在应税消费品的生产、委托加工和进口环节缴纳，在以后的批发、零售等环节，因为价款中已包含消费税，所以不用再缴纳消费税，税款最终由消费者承担。

增值税与消费税都对有形动产货物征收（不动产或无形资产的流转征收营业税）；消费税是对增值税货物中的 15 类应税消费品进行征收，应税消费品在计征消费税的同时计征增值税，消费税纳税人同时是增值税纳税人。

增值税的征税范围，包括货物和加工、修理修配劳务。消费税的征税范围为《消费税暂行条例》中列举的 15 类应税消费品。消费税和增值税呈交叉关系，增值税对货物普遍征收，消费税对所列 15 类应税消费品征收。应税消费品必然是增值税应税货物，但增值税应税货物并不一定是应税消费品。另外，消费税的征税范围中不包括任何劳务。

（二）所得税

所得税是对所得额征税，包括企业所得税（含外资企业所得税）和个人所得税。

（1）企业所得税（分月或者分季预缴）是对我国境内的企业和其他取得收入的组织的生产经营所得和其他所得征收的一种所得税。企业所得税的税率为 25%。非居民企业所得税的税率为 20%。符合条件的小型微利企业，减按 20%的税率征收企业所得税。国家需要重点扶持的高新技术企业，减按 15%的税率征收企业所得税。

（2）个人所得税（月报）：个人所得税是国家对本国公民、居住在本国境内的个人的所得和境外个人源自本国的所得征收的一种所得税。

实行代扣代缴，不管工资、薪金是否超过 5000 元都要实行全员全额申报。计算公式为：

应交个人所得税额 = 应纳税所得额 × 适用税率 − 速算扣除数

起征点确定为每月 5000 元。《中华人民共和国个人所得税法》规定，居民个人的综合所得，以每一纳税年度的收入额减除费用 6 万元以及专项扣除、专项附加扣除和依法确定的其他扣除后的余额，为应纳税所得额。纳税人可享受子女教育、继续教育、大病医疗、住房贷款利息或者住房租金、赡养老人等专项附加扣除。

（三）资源类税

资源类税是对自然资源征税，包括资源税、土地增值税、城镇土地使用税等。

（四）财产和行为类税

财产和行为类税是对特定财产发挥调节作用的税，包括房产税、车船税、契税、印花税等。

（五）特定目的类税

特定目的类税是对经济活动中某些特定行为发挥调节作用的税，包括固定资产投资方向调节税、车辆购置税、城市维护建设税、耕地占用税等。

二、税收筹划与合理节税

税收筹划的重要目的之一是节税筹划，是指纳税人依据企业财务运行的形态和税法规定的优惠政策，对纳税方案进行动态优化，采取恰当合法的形式，最大限度地为企业减轻税负，壮大企业实力的经济行为，与偷税、漏税、避税等不法行为有本质的不同。税收筹划有合法性、目的性、积极性、计划性等特点。税收筹划是事前筹划行为，是法律允许的合法行为，与采取伪造、变造、隐匿、擅自自毁账簿、记账凭证，在账簿上多列支出或不列、少列收入，或者进行虚假的纳税申报的偷漏税行为有严格的区别。

企业合理节税的必要性从几个层面讨论，要秉持合理合法的原则去开展工作。要在遵循国家法律法规的前提下做到合理节税，才能在不影响企业形象的基础上缓解企业的税收负担，不会对国家正常税收、经济造成损失，保证国家税收的稳定。合理的节税控税对于企业与国家来说都是有利无弊的，做好管控，能够保证各方的利益不遭受损失。

主要的合理节税策略有：

1. 缩小课税基础

缩小课税基础，不但能减少应纳税额，也可适用较低税率，达到双重减税效果，主要采取三种途径。①各项收入的最小化，如分期付款收入采取毛利百分比法，建筑业采用完工百分比法，均可使当年度收入最小化。②各项成本、费用的最大化，在税法允许的限额内，尽量提列费用，以达到成本与费用的极大化。③减除项目的最大化。另外，会计要做到合理避税。首先，做好财务管理的工作，报销凭证按规定需要发票的，一律要取得发票才能报销，不然不给报销。其次，会计记账要规范，一些费用的入账要合理，职工发生的一些费用要分清是福利费还是业务招待费。

2. 制定科学、合理的企业筹资方式

在目前实际的施工企业经营管理中，往往会采用多种类的纳税筹划方式，积极应用于政策优选方式当中。在税法的相关规定中也存在着很多能够进行优选的政策。企业工作人员仍要不断加大政策优选的力度，以此来实现纳税筹划的基本性目标。此外，企业纳税方面的相关工作人员还要落实好定价的转让方式，实现劳务与关联企业间商品转让价格的联动。企业在发生实际的借款行为时，也要有效利用好关联企业，实现资金向负债的转变。企业在资金筹集活动时也要做好纳税的筹划工作，实施清晰、科学的资金筹集决策目标。在筹集过程中，不仅仅要确保资金筹集的数量，还要有效降低资金的成本。企业纳税方面的相关工作人员要始终站在纳税角度，分析在不同资金筹集方式下税收工作所形成的不同影响。不断丰富企业的资金筹集方式，为后续其他工作的展开夯实基础。

3. 合理归属所得年度

所得年度归属的合理性，可通过收入、成本、损费等项目之增减或分摊而达成。但需注意

的是，要正确预测销货情形及各项费用的支付，以了解企业获利的趋势，作合理的安排，从而享受最大利益。合理归属所得年度的方法有：①收入认列方法或时点的决定，如分期付款销货毛利承认方法的选择，建筑业完工日期的决策等。②成本认列方法的决定，如存货评价方法及折旧提列方法的选择等。③捐费的摊提或认列，如开办费摊提的年限，各项损失准备是否提列及提列若干，捐赠数额及年度的决定等。

同理，家政企业依法纳税与合理节税的过程也是如此，在此不再赘述。

研讨题

1. 企业资产负债表、利润表和现金流量表的作用分别是什么？读懂这三张表对企业有什么意义？

2. 理解货币的时间价值和投资的风险价值对于企业进行财务管理有什么作用？

3. 企业在进行利润分配的时候应该着重考虑哪些因素？

4. 对于一个家政企业，在融资时如何确定最优资本结构？

专创融合实训

1. 某家政企业投资管理或融资管理调研和创新设计（分组进行，每组 6～8 人）：

（1）选择某一家政企业对其投资管理或融资管理实况调研。

（2）每组调研的家政企业不重复。

（3）形成调研报告。

（4）运用本章理论对调研企业进行投资管理或融资管理创新设计。

（5）聘请调研企业的财务（总监）评价创新设计成果是否具有采用价值。

（6）本次活动成绩主要以上交的书面材料（调研提纲、调研报告、照片视频资料、创新设计成果的应用价值等，装订成册）为依据来评定，教师和其他小组对材料内容的真实性进行监督和质询（家政企业投资或融资管理设计创新对比表可参考表 5-4）。

表 5-4　家政企业投资或融资管理设计创新对比表

组别：	联系方式：
家政企业名称	
原有投资或融资模式	
经过创新设计的投资或融资模式	
创新点 1	理由：
创新点 2	理由：
……	……

2. 依据本章理论，借鉴调研家政企业的投资管理或融资管理，设计本组创业项目的投资或融资策略。

模块六

家政市场研究与市场营销

案例导入

“阳光大姐”的营销策略

“阳光大姐”作为一家综合类家政服务机构，始终坚持“安置一个人，温暖两个家”的服务宗旨和“责任＋爱心”的服务理念，围绕就业与服务两个核心，推动企业升级发展。

一、聚焦“一老一小”服务，满足家庭多元化需求

“一老一小”是“阳光大姐”服务的重点群体，在此基础上，结合家庭成员中的病人、残障人士等群体需求。“阳光大姐”还提供医院陪护、保洁、钟点服务等多元化服务项目，细分为12大类40多个具体项目。同时，探索社区托育、月子中心等多元化服务场景，满足年轻家庭对就近便捷托育的需求。“阳光大姐”还推出居家养老、日间照料等多样化养老服务，整合医疗康养资源（如用户可以在医院内使用数字化平台实现紧急呼叫、健康数据跟踪等功能），满足老年人多层次需求。

二、重视产教融合，构建家政服务生态圈

“阳光大姐”重视将人才培养与市场需求紧密结合，形成“培训—就业—服务”的生态链，增强服务供给能力与品牌影响力。“阳光大姐”重视多层次技能培训体系建设：一是强化基础培训。针对下岗职工、农民工等群体开展岗前家政认知培训，提升行业认知与专项技能，形成阶梯式、系列化、终身制培训机制。二是强化专项提升。相继开设家庭餐制作、小儿推拿、母婴护理、养老护理等课程，覆盖细分领域需求。

深化产教融合：与职业院校合作推进“1＋X证书”项目，将企业标准融入职业教育，培养适配市场的专业人才。建立第三方职业技能评价体系，提升行业人才认证权威性。

履行社会责任：“阳光大姐”积极承接工会、妇联、残联等公益培训项目，帮助弱势群体就业，打造温暖家园。

三、推动标准化与科技赋能，提升品质与效率

“阳光大姐”通过标准化建设与数字化升级，实现服务质量可控、管理流程优化，形成核心竞争力，成为行业标杆，通过标准化示范基地吸引全国同行学习，强化品牌影响力。

数字化升级：推动AI技术应用，开发智能服务系统（如健康监测设备、语音陪伴机器人），提升服务响应效率与用户体验。

设立社区微业服务站：在社区设立服务点，整合健康、零售等资源，通过“线上预约＋线下服务”模式实现“15分钟生活圈”覆盖，提高服务便利性。

数据驱动决策：利用大数据分析用户需求分布，动态调整服务供给，通过社区热力图优化服务布局。

四、打造诚信品牌，树立“温暖”形象

“阳光大姐”注重通过文化传播与用户互动建立情感连接，提升用户忠诚度。围绕“责任＋爱心”的服务理念，每年确定一个主题。持续开展系列企业文化活动，定期举办运动会、国庆晚会等活动，增强员工归属感。通过媒体报道传播“阳光精神”“温暖力量”，塑造积极向上的品牌形象。开展主题演讲比赛、标准化培训月等活动，对内凝聚共识，对外宣传专业形象。

加强媒体合作与行业发声：央广总台、新华社等权威媒体多次报道“阳光大姐”的品牌故事与服务案例。“阳光大姐”的母婴护理服务入选“好品山东”，提升了品牌公信力。“阳光大姐”还积极参与家政产业创新发展大会、行业论坛，为制定政策建言献策，增强行业话语权。

建立诚信管理：通过客户满意度调查、服务评价系统收集反馈，不断优化服务细节。鼓励用户分享服务体验，利用社交媒体传播“阳光大姐”的故事，形成辐射带动效应。

五、拓展渠道网络，构建全域服务网络

“阳光大姐”积极推进家政进社区。一是利用大数据、大模型等技术在济南市众多社区设立“社区微业”服务站，提供就近服务，挖掘“微需求”、促进“微就业”，实现服务与获客的双重目标，同时开展跨界资源整合。二是与医疗机构、康养机构、零售企业合作，打造“家政＋”生态。三是推进政企协同发展。承接政府购买服务项目（如居家养老试点），借助政策红利扩大市场份额，同时通过示范项目提升品牌公信力。

“阳光大姐”在多年的实践中逐步形成较完整的营销体系，同时持续加强营销力度，持续优化策略。

项目一　市场及家政市场

知识目标

1. 了解市场的含义；
2. 理解家政市场的含义；
3. 掌握家政市场的特点。

扫码学习

能力目标

1. 根据家政市场的特点剖析实际案例；
2. 收集家政市场的相关信息；
3. 洞察家政市场的发展趋势。

基础知识

一、市场的含义

经济学家从不同的角度提出了市场的含义：①市场是商品交换的场所，即买主和卖主发生交易的地点或地区。②市场是指商品流通领域，反映的是商品流通的全局，是商品交换关系的总和。市场可以是实体的、有形的，如农贸市场、商场等；也可以是虚拟的、无形的，如在线电商平台、股票交易所等。③市场是买主、卖主力量的结合，是商品供求双方的力量相互作用的总和。它反映了买卖双方的需求和供给关系，市场的存在促进了资源的有效分配和社会经济活动的开展。

市场营销学所研究的市场是指需求，是企业一切现实和潜在的需求，即企业一切现实和潜在的顾客组成的群体。市场规模的大小由人口、购买力和购买欲望三要素决定。

二、家政市场的含义及特点

(一)家政市场的含义

家政市场是指提供家庭服务的市场,包括清洁、烹饪、照顾儿童、照料老人、病人护理、宠物照顾、家具维修等一系列家务劳动服务。家政服务可以是临时的,也可以是长期的;可以是全职的,也可以是兼职的。家政市场的服务提供者通常被称为"家政服务员、保姆、管家、护工"等。

(二)家政市场的特点

家政市场主要有以下特点:

(1)服务内容的多样性。家政市场提供的服务范围广泛,涵盖了家庭日常生活的方方面面,能够满足不同家庭成员的不同需求。

(2)服务对象的广泛性。家政服务面向的是广大家庭,无论是城市还是农村,无论是富裕家庭还是普通家庭,都有可能成为家政服务的消费者。

(3)劳动力密集型。家政服务主要依靠大量使用劳动力完成,因此家政服务行业是典型的劳动力密集型行业。

(4)服务形式的灵活性。家政服务可以根据客户的具体需求提供定制化服务,服务时间可以是全天候的,也可以是按小时计费的。

(5)地域性特征。家政服务通常受限于地理位置,服务半径较小,服务提供者和消费者需要在相对较近的距离内。

(6)信任度要求高。家政服务人员需要进入客户的私人生活空间,因此客户对服务人员的信任度要求较高。

(7)需要法律法规的监管。家政服务涉及劳动法等多部法律,需要相应的法律法规来规范市场秩序,保护服务提供者和消费者的合法权益。

(8)市场需求的稳定性。随着社会的发展和个人生活节奏的加快,越来越多的家庭需要家政服务来减轻家务负担,特别是在人口老龄化和双职工家庭增多的背景下,家政市场的需求呈现稳定增长的特点。

(9)服务质量参差不齐。家政服务行业门槛相对较低,服务提供者的专业水平和素质参差不齐,导致市场上服务质量参差不齐。

(10)科技应用的潜力。互联网技术的发展也为家政市场的信息化、标准化提供了可能,家政服务的预订、支付、评价等变得更加便捷高效。随着信息技术的发展,家政市场也开始探索利用互联网平台、移动应用程序等现代科技手段来提高服务效率和增强用户体验。

综上所述,家政市场是一个充满活力且不断发展的市场,它既满足了现代家庭对于便捷、高效、个性化家庭服务的需求,也面临着提升服务质量、规范市场秩序等挑战。

项目二 家政市场营销策略

知识目标

1. 了解市场营销的含义；
2. 理解家政市场营销的含义及特征；
3. 掌握家政市场营销组合策略的具体内容。

扫码学习

能力目标

1. 根据家政企业的定位、目标客户群体和服务内容，制定有针对性的营销组合策略；
2. 分析市场数据、客户反馈，评估家政企业营销活动效果。

基础知识

一、市场营销与家政市场营销

（一）市场营销的含义

市场营销一般是指企业进行的各种与市场有关的营利活动。市场营销包括：市场调查与分析；市场细分与目标市场的选择；产品或服务的开发；经过一定的分销渠道，向市场供应产品或服务；使用某种促销手段，向市场传递产品信息并说服消费者购买。它还包括所有这些活动的计划、组织和控制。

美国营销大师菲利普·科特勒认为：市场营销是个人和群体通过创造并同别人交换产品和价值，以满足需求和欲望的一种社会和管理过程。

根据上述定义，我们可以将市场营销概念具体归纳如下：

(1)市场营销的最终目标是“获得、保持和增加顾客”。

(2)“交换”是市场营销的核心。市场营销的基本业务就是在交换过程中“创造、传播和传递更高的顾客价值”。

(3)交换过程能否进行，取决于营销者创造的产品和价值满足顾客需求的程度和交换过程管理的水平。

（二）家政市场营销的含义

家政市场营销是家政服务产品的营销，是家政企业在充分认识满足消费者家政需求的前提下，为充分满足消费者家政需要在营销过程中所采取的一系列活动。它包括市场调查与分析、市场细分与目标市场的选择、服务流程的开发、服务的定价以及管理、沟通等。

(三)家政市场营销的特征

1. 供求分散性

家政服务营销活动中,服务产品的供求具有分散性。企业提供的服务广泛分散,需求方涉及各种各类企业、社会团体和千家万户不同类型的消费者。家政服务企业一般占地小、资金少、经营灵活,往往分散在社会的各个角落。家政服务供求的分散性,要求服务网点要广泛而分散,尽可能地接近消费者。

2. 营销方式单一性和直接性

家政服务生产与消费的统一性,决定了家政服务营销只能采取直销方式,中间商的介入是不可能的,储存待售也不可能。服务营销方式的单一性、直接性在一定程度上限制了服务市场规模的扩大,也限制了服务业在许多市场上出售自己的服务产品,这给服务产品的推销带来了困难。

3. 营销对象复杂多变

家政服务的营销对象是多元的、广泛的、复杂的。购买家政服务的消费者的购买动机和目的各异,某一服务产品的购买者可能牵涉社会中不同类型的家庭和不同身份的个人。

4. 服务人员的技术、技能要求高

服务者的技术、技能水平直接关系着服务质量。消费者对家政服务产品的质量要求就是对服务人员的技术、技能的要求。服务者的服务质量不可能有唯一的、统一的衡量标准,而只能有相对的标准和凭购买者的感觉体会。

二、家政市场营销组合与营销组合策略

(一)家政市场营销组合的含义

家政市场营销组合是指家政服务企业在市场营销过程中采用的一系列策略和工具的组合,以吸引和保留客户,提高市场份额和盈利能力。20 世纪 80 年代初,布姆斯(Booms)和比特纳(Bitner)将服务企业营销组合定为 7 个要素,即产品(product)、定价(price)、地点或渠道(place)、促销(promotion)、人员(people)、有形展示(physical evidence)、流程(process),简称"7Ps"。在制订营销战略时,服务营销人员需要考虑这些组合要素之间的关系。这 7 项要素可以说是家政服务营销方案的核心,忽略了任何一个要素都会导致整体方案的失败。

(二)家政市场营销组合策略

家政市场营销组合策略包括产品策略、定价策略、渠道策略、促销策略、服务人员策略、有形展示策略和服务流程策略。

1. 产品策略

服务产品是家政服务营销组合“7Ps”中的首要因素，这个要素是以提供某种形式的家政服务为核心利益的整体产品。服务产品所必须考虑的是提供服务的范围、服务质量和服务水准，还要注意的事项有品牌、保证以及售后服务等。服务产品中，这些要素的组合变化相当大，如一家大型家政服务公司和一家月嫂公司的要素组合就存在着明显差异。服务产品包括一个满足顾客主要需求的核心产品和各种相辅相成的补充服务元素，这些补充服务元素帮助顾客更有效地使用核心产品的价值。补充服务内容包括提供信息、咨询、订购、招待、处理例外等。例如，月子会所提供的核心服务是母婴护理，除此之外，会所房间的预订、客房服务、塑形美体、通乳等也成为评价月子会所的重要因素。

家政服务企业的产品策略是指企业如何设计和提供家政服务以满足市场需求，同时实现企业的商业目标。产品策略通常涉及服务的定位、差异化、创新和质量管理等方面。以下是一些关键的产品策略要素：

(1)服务定位：明确目标市场和客户群体，如高端家庭、忙碌的双职工家庭、老年人护理需求等；根据目标市场的需求特点，确定服务的核心价值主张。

(2)服务差异化：提供独特的服务，使企业在竞争激烈的市场中脱颖而出。差异化可以通过服务质量、专业技能、服务范围、个性化定制等方面实现。

(3)服务创新：不断研发新的服务项目或改进现有服务，以适应市场变化和客户需求的变化；利用新技术，如智能家居设备、在线预订系统、移动支付等，提升服务效率和客户体验。

(4)服务质量管理：建立严格的服务质量标准和监控体系，确保服务的一致性和可靠性；对服务人员进行专业培训，提高他们的技能和服务意识；实施客户满意度调查，及时获取反馈并进行改进。

(5)服务组合：提供多样化的服务组合，满足不同客户的不同需求；设计套餐服务或捆绑销售，增加服务的吸引力。

(6)品牌建设：打造强大的品牌形象，通过品牌传达服务的专业性和可信度；利用品牌故事、标志、口号等元素，加强品牌的识别度和记忆点。

(7)客户关系管理：建立长期的客户关系，通过优质的客户服务和关怀来维护老客户；实施忠诚度计划(如积分奖励、会员特权)，以促进客户的重复购买。

(8)市场适应性：密切关注市场趋势和竞争对手动态，灵活调整产品策略以保持竞争优势；定期进行市场调研，了解客户的新需求和期望。

家政服务企业的产品策略应该是动态的，需要根据市场反馈和企业发展阶段不断调整和优化。通过采取有效的产品策略，企业可以提升客户满意度，增加市场份额，最终实现可持续的业务增长。

2. 定价策略

企业应该为满足顾客需求的产品和服务制定有竞争力的价格。在服务营销中，价格不仅与顾客的支付能力有关，而且也是顾客判断服务质量的依据，他们根据自己的认知价值来判断服务的价值。在区别一种服务和另一种服务时，价格是一种识别方式，顾客可从一种服务的价格感受其价值的高低。价格和质量的相互关系也是服务定价的重要考虑因素。价格方面要考虑的因素包括价格水平、折扣、折让和佣金、付款方式和信用。服务的定价比产品更加灵活。服务不易保存，在需求超过供给的期间，顾客可能遭到拒绝或被要求忍受更长的等待时间。因此，能平衡不同时段的需求水平以匹配可供容量的动态定价策略十分重要。

家政服务企业的定价策略是决定服务价格的过程，这个过程需要考虑到成本、市场需求、竞争状况、服务质量以及客户支付意愿等多方面因素。合理的定价策略不仅能够帮助企业获得稳定的利润，还能够吸引和保留客户。以下是一些常见的定价策略：

(1)成本加成定价：基于服务的总成本(包括直接成本和间接成本)加上预期的利润率来设定价格。这种方法简单直接，但容易忽视市场需求和竞争的影响。

(2)竞争导向定价：参考市场上主要竞争对手的价格来设定自己的服务价格。如果企业的服务有明显的竞争优势，可以选择略高于竞争对手的价格；反之，如果没有明显优势，可能需要选择低于或等于竞争对手的价格。

(3)价值基础定价：根据客户对服务价值的感知来设定价格，而不是仅仅基于成本。这要求企业深入了解客户的需求和对服务的评价，以便设定一个能够反映服务价值的价格。

(4)心理定价：利用客户的心理预期来设定价格，如将价格定在整数以下的数字(如定为19.99元而不是20.00元)，给人以价格更低的错觉。也可以通过提供不同档次的服务，让客户根据自己的预算和需求选择。

(5)动态定价：根据服务的需求量、时间、地点等因素实时调整价格。例如，在节假日或高峰时段提高价格，而在淡季或非高峰时段降低价格。

(6)套餐定价：提供包含多项服务的套餐，通过捆绑销售来增加价值感和吸引力。套餐可以是固定的，也可以根据客户的具体需求定制。

(7)折扣和促销定价：通过提供折扣、优惠券、积分奖励等方式来吸引新客户或鼓励老客户增加消费。促销活动可以帮助企业短期内提高销量和市场份额。

(8)透明定价：提供清晰的定价结构，让客户了解每一项服务的具体费用，避免隐藏费用和不透明的收费。透明的定价可以增加客户的信任度和满意度。

在制定定价策略时，家政服务企业还需要考虑法律和行业规定，确保定价合法合规。同时，企业应该定期评估和调整定价策略，以适应市场变化和客户需求的变化。通过有效的定价策略，企业可以实现收入最大化，同时保持竞争力和客户忠诚度。

3. 渠道策略

渠道是企业为了将产品交付到目标市场而建立的分销网络。渠道一般可分为物理渠道和电子渠道两种。对于家政服务营销的渠道策略而言，物理渠道的搭建(如服务场所的店面位置及其覆盖的地理范围等因素)显得非常重要。除了物理渠道之外，基于互联网、移动互联网的电子渠道搭建则是企业渠道战略中需要考虑的重要一环，通过App(手机软件)终端来提供服务交付的入口是当前较为常用的营销渠道实践之一。许多家政服务企业都有自己的O2O平台，顾客可以查询、预订各种家政服务。企业还可以借助平台，通过大数据智能匹配客户和家政员等。自2013年以来，e家洁、云家政、阿姨帮、阿姨来了、小马管家等众多家政O2O创业公司不断涌现。2014年以来，百度、阿里巴巴、腾讯、京东、58同城、大众点评、美团等互联网领军企业也纷纷布局包括家政服务在内的上门服务业务。

家政服务企业的渠道策略是指企业如何将其服务有效地传递给目标客户的过程。渠道策略涉及服务的分销方式、合作伙伴的选择、渠道的管理,以及如何利用各种渠道来提高市场覆盖率和客户满意度。以下是家政服务企业可以考虑的渠道策略:

(1)直销模式:通过自己的员工直接向客户提供服务,这是最传统的家政服务提供方式。直销模式可以确保服务质量和品牌形象的一致性,也便于管理和控制成本。

(2)代理商和加盟店:与当地的代理商或加盟店合作,利用他们的资源和网络来扩展服务范围。这种方式可以帮助企业快速进入新市场,但需要确保合作伙伴能够维持服务标准。

(3)在线平台:利用互联网技术和在线服务平台,如网站、应用程序或社交媒体,来推广和销售服务。在线平台可以提供便捷的预约、支付和评价系统,提高客户的使用便利性。

(4)合作伙伴关系:与其他企业建立合作伙伴关系,如房地产公司、物业管理公司或其他相关服务提供商。通过交叉推广和共享资源,双方可以互相受益,扩大客户基础。

(5)社区合作:与社区组织、非营利机构或当地政府合作,为特定社区或群体提供家政服务。这种合作有助于提高企业的社会责任感和公众形象。

(6)多渠道整合:结合多种渠道,如线上预约与线下服务相结合,提供无缝式的客户体验。多渠道整合可以满足不同客户的偏好,同时提高服务的可及性。

(7)移动服务:提供移动服务团队,根据客户需求上门提供服务,如移动美容、移动维修等。移动服务增加了服务的灵活性和便捷性,适合忙碌的现代生活方式。

(8)自助服务:提供自助服务选项,如自助洗衣、自助清洁工具租赁等,让客户自己操作。自助服务可以降低企业的人力成本,同时满足部分客户喜欢自主操作的需求。

在制定渠道策略时,家政服务企业需要考虑目标市场的特点、客户的需求和偏好,以及企业的资源和能力。企业应该选择最适合自己的渠道组合,并不断优化渠道管理,以提高效率和客户满意度。随着科技的发展和消费者行为的变化,家政服务企业还需要不断探索和尝试新的渠道模式,以保持竞争力和市场领先地位。

4. 促销策略

促销是企业为促进产品销售而从事特定的信息传播活动。它包括广告、人员推销、销售促进或其他宣传方式的各种市场沟通方式,以及一些间接的沟通方式,如公关、口碑营销等。在服务营销中,促销更注重向不同的顾客传递不同的信息,企业也往往会为不同的顾客提供个性化的信息和服务以提升顾客忠诚度。因此,不同需求的顾客往往要求企业传递不同的信息、采取不同的促销策略。

家政服务企业的促销策略是指企业为了吸引新客户、提高现有客户的忠诚度和增加销售额而采取的一系列营销活动。有效的促销策略可以帮助家政服务企业在竞争激烈的市场中脱颖而出,提升品牌知名度和市场份额。以下是一些常见的促销策略:

(1)折扣和优惠:提供首次服务折扣、季节性折扣或特定时间段的优惠,以吸引新客户尝试服务。对于回头客,可以提供忠诚客户优惠,如累积消费积分、会员卡折扣等。

(2)捆绑销售:将几项服务捆绑在一起以优惠价格出售,增加单次交易的金额,同时为客户提供更丰富、更优质的服务。

(3)推荐奖励:鼓励现有客户推荐新客户,并为推荐者和被推荐者都提供优惠或奖励。

(4)免费试用:提供免费或低价试用来吸引新客户,让他们体验服务的质量,从而转化为长期客户。

(5)增值服务:在不增加额外费用的情况下提供额外的服务或好处,如免费清洗用品、增加额外保洁时间等。

(6)社交媒体营销:利用社交媒体平台发布促销信息、客户评价、服务更新等内容,通过与客户互动,增加客户的参与感。

(7)内容营销:通过博客、视频、电子书等形式提供有价值的内容,如家居清洁技巧、健康生活建议等,建立品牌专家形象,吸引潜在客户。

(8)事件营销:举办或参与相关的社区活动、展览会、研讨会等,提高品牌曝光度,建立正面形象。

(9)合作伙伴促销:与其他企业或品牌合作,进行联合促销活动,共享客户资源,扩大市场影响力。

(10)客户回馈活动:定期举办客户回馈活动,如抽奖、赠品、特别活动邀请等,表达对客户的感谢和重视。

在实施促销策略时,家政企业需要确保所有活动与品牌形象和市场定位保持一致,并且要跟踪和评估促销效果,以便不断优化策略。此外,企业还应遵守相关的法律法规,确保促销活动的合法性。通过精心策划和执行促销策略,家政企业可以有效提升销售业绩,增强市场竞争力。

5. 服务人员策略

服务人员指参与到服务流程中并对服务结果产生影响的所有人员,包括企业员工和处于服务环境中的其他人员。家政服务企业的成功在很大程度上取决于服务人员的专业性和客户服务能力。服务人员不仅是服务的直接提供者,也是企业品牌形象和文化的传播者。他们的表现可以直接影响客户满意度和企业的市场声誉。所以,市场营销管理者必须重视雇佣人员的筛选、训练、激励和控制。由于服务的不可分割性,顾客自身也会参与到服务中来,他们也会对服务感知和服务质量产生重要影响,甚至会影响到其他顾客的感知。在这种情况下,管理者应面对的问题,是顾客与顾客之间相互影响方面的质量控制。

以下是关于家政服务企业服务人员的几个关键点:

(1)招聘标准:制定明确的招聘标准,包括教育背景、工作经验、专业技能、个人品质等。对于某些特定服务,如护理、育儿等,服务人员可能需要提供特定的资格证书或专业培训证明。

(2)培训与发展:提供系统的入职培训和在职培训,确保服务人员掌握必要的职业技能和服务标准。培训内容可能包括清洁技巧、安全知识、客户沟通技巧、紧急情况处理等。鼓励服务人员参加外部培训和认证课程,以提升个人能力和职业发展。

(3)服务态度:强调服务态度的重要性,培养服务人员的责任心、耐心和同理心。教育服务人员尊重客户隐私,保持良好的职业道德。

(4)绩效管理:设立清晰的绩效评估体系,定期对服务人员的工作表现进行评价。根据绩效评估结果提供反馈和指导，激励优秀表现，帮助改进不足。

（5）团队建设：加强团队内部的沟通和协作，营造积极的工作氛围。举办团队活动，增进同事相互了解。

（6）客户反馈：鼓励客户提供对服务人员的反馈，及时了解服务质量和服务人员的表现。将客户反馈作为改进服务和培训内容的依据。

（7）福利待遇：提供合理的薪酬和福利，确保服务人员的基本生活需求得到满足。提供职业保险、健康检查、休假制度等福利，增加员工的归属感和满意度。

（8）职业规划：为服务人员提供职业发展路径，如晋升机制、转岗机会等。帮助服务人员规划个人职业目标，促进长期职业成长。

家政服务企业应当认识到服务人员是其重要的资产之一，通过上述措施来吸引和保留优秀的服务人才，从而提升整体服务质量和企业的市场竞争力。企业还应该关注服务人员的工作环境和心理健康，确保他们能够在良好的状态下为客户提供高质量的服务。

6. 有形展示策略

有形展示是指通过一系列可见的、有形的元素来展现企业的服务特色和形象，这些元素包括实体设施、设备、服务人员形象、沟通材料等。有形展示的目的在于提升客户对服务的满意度和忠诚度，进而提高企业的竞争力和市场占有率。良好的有形展示能够影响客户对服务的期望和判断，提升服务品质，增强服务信任感，并有助于企业培训服务员工。通过有形展示，客户可以更直观地了解服务的特点和优势，提高对服务的认知度，从而促进企业的市场拓展和品牌建设。

有形展示的要素有：实体环境（服务场所的布局、装修风格、设施配置）、服务人员形象（服务人员的着装、言谈举止、专业素养）、服务工具、信息沟通（服务企业提供的宣传资料、广告、网站、社交媒体等方面的信息传播）。

家政服务企业的有形展示是指通过物理环境、设施、工具、员工制服、宣传材料等有形元素来传递企业形象和服务质量的过程。虽然家政服务本身是一种无形的产品，但有形展示可以在客户心中建立起对服务质量的直观感受和信任。家政服务企业应该通过统一的视觉识别系统，将服务形象的有形展示贯穿整个服务过程，增强服务的辨识度和专业感。以下是家政服务企业可以考虑的有形展示要素：

（1）工作场所：企业的办公地点、接待区域和培训中心等应保持整洁、有序，体现专业性。摆放适当的装饰品和提供舒适的等候区可以提升客户的第一印象。

（2）工具和设备：使用现代化、高效的清洁工具和设备，如无绳吸尘器、蒸汽清洁机等。工具和设备的维护和更新也是展示专业性的重要方面。

（3）员工制服：统一的员工制服可以增加团队的凝聚力，同时传递出正式和专业的形象。制服应舒适、实用，并符合企业的品牌风格。

（4）宣传材料：宣传册、名片、海报、横幅等应具有统一的设计风格，体现企业的品牌形象。宣传材料上的信息应准确、清晰，便于客户理解和记忆。

（5）包装和耗材：清洁剂、纸巾、垃圾袋等耗材应具有一定的质量保证，避免使用劣质产品影响服务体验。包装材料也应体现企业的品牌元素，如印有企业标识的垃圾袋。

(6)数字化展示:企业的网站、移动应用、社交媒体页面等数字平台应具有良好的用户体验和视觉设计。数字化展示可以提供在线预约、服务追踪、客户评价等功能,增加服务的透明度和便捷性。

(7)客户反馈:展示客户的正面评价和推荐信,可以增强新客户的信任感。可以通过墙面展示、宣传册或数字平台分享客户的成功案例和满意度调查结果。

(8)安全和卫生标志:在工作场所和工具上展示安全操作指南和卫生标准,表明企业对客户健康的重视。安全标志还可以提醒员工和客户注意安全事项,预防事故发生。

家政服务企业应将有形展示作为一个整体战略来考虑,确保所有的有形元素能一致地传达企业的品牌价值和服务承诺。通过精心的有形展示,企业可以在竞争激烈的市场中树立独特的品牌形象,提升客户满意度和忠诚度。

7.服务流程策略

服务流程指的是服务交付的流程和运营系统。服务流程也是顾客对服务质量进行评价的流程。其中,包括服务任务流程、服务时间进度、标准化和定制化等因素。人的行为在服务企业很重要,而过程(即服务的递送过程)也同样重要。表情愉悦、专注和关切的工作人员,可以平息顾客在技术上出问题时的怨言或不满。整个体系的运作政策和程序方法的采用、服务供应中的机械化程度、员工裁断权的适用范围、顾客参与服务操作过程的程度、咨询与服务的流动、定约与待候制度等,都是市场营销管理者应该特别注意的事项。

家政服务企业的服务流程是指从客户接触到服务完成整个过程中的一系列标准化步骤。一个高效、规范的服务流程可以提高服务质量,增强客户满意度,也有助于企业内部管理的优化。家政服务企业的服务流程包括:

(1)客户咨询:客户通过电话、网站、移动应用或直接到访门店等方式咨询服务详情。客服人员应详细了解客户需求,解答疑问,并提供相应的服务建议。

(2)需求评估:根据客户的具体需求和家庭环境,评估所需服务的类型、频率、时长和费用。可能需要安排现场察看,以便更准确地评估服务需求。

(3)报价与协商:根据需求评估结果,提供详细的报价单,包括服务项目、价格、预计时间等。与客户协商服务细节(包括特殊要求、时间安排、付款方式等),并达成一致。

(4)签订合同:双方确认服务内容和条款后,签订正式的服务合同。合同应明确服务范围、价格、服务期限、取消政策、保密协议等重要信息。

(5)服务准备:根据合同约定,安排合适的服务人员,并确保他们具备必要的技能和工具。提前通知客户服务人员到达的时间,并确认服务前的准备工作,如清空家具表面、宠物安置等。

(6)服务执行:服务人员按照既定的服务标准和流程进行工作。服务过程中应保持与客户的良好沟通,确保服务符合客户的期望和要求。

(7)质量检查:服务完成后,服务人员或管理人员进行质量检查,确保服务达到预定的标准。如有必要,服务人员应向客户展示已完成的工作,并解答疑问。

(8)客户验收:邀请客户对服务结果进行验收,确保客户满意。如果客户有任何不满意的地方,应及时进行整改或提供解决方案。

(9)后续服务:服务结束后,询问客户是否需要定期服务或额外服务。提供服务后的保养建议,增加客户黏性。

(10)付款结算:根据合同约定的付款方式,收取服务费用。提供发票或收据,确保财务记录的准确性。

(11)客户反馈:主动收集客户的反馈意见,了解服务的优点和不足。通过电话、邮件、在线调查等方式获取客户满意度数据。

(12)服务改进:根据客户反馈和服务数据,不断优化服务流程和服务标准。定期对服务人员进行培训,提升服务质量和效率。

家政服务企业应确保每个环节都有明确的操作规范和质量控制措施,以保证服务的一致性和可靠性。企业还应建立快速响应机制,以便在出现问题时能够迅速解决,维护良好的客户关系。通过不断优化服务流程,家政服务企业可以提升自身的竞争力,赢得更多的市场份额。

家政服务企业在实施"7Ps"策略时,需要综合考虑服务行业的特性,如服务的无形性、不可分割性、异质性和易逝性,以及家政服务市场的具体需求和竞争状况。通过有效的"7Ps"策略,家政服务企业可以提升品牌形象,增强市场竞争力,实现可持续发展。

项目三　家政企业的商业模式

知识目标

1. 了解家政服务企业商业模式的要素；
2. 了解常见的家政企业商业模式。

能力目标

1. 理解家政企业不同商业模式的运行机制；
2. 分析技术创新对传统模式的改造路径。

基础知识

一、家政服务企业商业模式要素

家政服务企业的商业模式是一套整合资源、创造价值并获取收益的逻辑架构，它涵盖了多个关键要素。

1. 客户细分与定位

成功的商业模式始于企业对目标客户的精准把握。家政服务企业通常会根据不同维度进行客户细分。从家庭类型来看，年轻夫妻组成的小家庭可能更注重便捷、高效的日常清洁服务；三代同堂的大家庭对养老护理、育儿嫂等服务需求较大。从消费能力来看，高收入群体或许追求高端、定制化的家政服务（如私人管家服务，要求服务人员具备专业素养和丰富经验；而普通工薪阶层则更倾向于性价比高的基础家政服务，像日常家居保洁等）。通过明确自身服务的目标客户群体，企业能够更有针对性地设计服务产品、制定营销策略，满足特定客户的需求，从而在市场中占据一席之地。

2. 服务产品设计

家政服务企业的核心是提供多样化且高质量的服务产品。这包括传统的家务劳动服务，如家庭清洁（包括全屋深度清洁、厨房卫生间专项清洁等）、衣物洗涤熨烫等；母婴护理服务，如月嫂照顾产妇和新生儿，提供专业的产后护理、新生儿喂养及照料等；养老服务，涵盖生活照料、康复护理、精神慰藉等方面；还有新兴的一些服务，如家庭收纳整理服务，帮助客户合理规划空间，打造整洁有序的居住环境。收入高的家庭需要高端管家服务，如家庭财务管理、活动策划、私人助理等。企业不仅要保证服务的基本质量，还需不断创新和优化服务内容，以适应市场变化和客户日益增长的需求。例如，随着人们对健康生活的重视，推出绿色环保清洁服务，采用环保清洁用品，减少化学污染，满足客户对健康家居环境的追求。

3. 服务供应体系

构建稳定、高效的服务供应体系是家政服务企业运营的关键环节。一方面，企业需要招聘和培训专业的家政服务人员。招聘时，严格筛选具备相关技能和良好职业道德的人员，然后通过系统的培训提升他们的业务水平。培训内容不仅包括专业技能（如烹饪技巧、护理知识等），还涉及服务意识、沟通能力等软技能的培养。另一方面，建立完善的服务人员管理机制也至关重要。通过绩效考核、定期评估等方式激励服务人员提高服务质量，同时为他们提供职业发展通道，如从初级家政服务员晋升为高级管家或培训讲师等。此外，利用信息技术手段搭建服务调度平台，根据客户需求和服务人员的工作安排，合理调配资源，确保服务的及时响应和高效执行。

4. 营销与品牌建设

有效的营销和强大的品牌是家政服务企业吸引客户的重要手段。在营销方面，企业可以采用多种渠道推广服务。线上利用社交媒体平台、搜索引擎广告、家政服务类 App 等进行宣传，展示服务优势、客户案例和优惠活动等信息，吸引潜在客户关注。线下则可以通过社区合作、举办家政服务体验活动、发放传单等方式，提高企业在当地的知名度。同时，注重品牌建设，树立良好的企业形象。通过提供优质的服务，赢得客户口碑，形成品牌美誉度。积极参与行业评选、公益活动等，提升品牌的社会影响力。例如，某家政服务企业长期开展关爱孤寡老人的公益家政服务活动，不仅为社会做出贡献，也极大地提升了品牌在消费者心中的形象，吸引了更多客户选择其服务。

5. 盈利模式

家政服务企业的盈利主要来自服务收费。常见的收费方式有：①按小时计费，适用于短期、临时性的家政服务项目，如日常清洁、家电维修等；②按项目计费，对于一些特定的服务项目，如开荒保洁、地毯清洗等，可根据项目的复杂程度和工作量确定固定价格；③包月或包年套餐服务，为长期有家政服务需求的客户提供优惠的打包方案。此外，部分企业还通过增值服务获取额外收益，如向客户销售家政清洁用品、提供家政服务保险等。一些规模较大的家政服务企业，还可以通过品牌加盟、输出管理模式等方式收取加盟费和管理费，实现多元化盈利。

综上所述，家政服务企业的商业模式是一个复杂而有机的整体，各个要素相互关联、相互影响。只有在客户细分、服务产品、供应体系、营销品牌以及盈利模式等方面进行科学规划和有效整合，家政服务企业才能在激烈的市场竞争中脱颖而出，实现可持续发展，为社会提供优质、高效的家政服务，满足人民日益增长的生活需求。

二、常见的家政企业商业模式

（一）传统中介模式

在家政服务行业蓬勃发展的当下，家政企业传统中介模式作为一种历史悠久且应用广泛的运营方式，在连接家政服务人员与客户方面发挥着重要作用。

（二）员工制管理模式

员工制管理模式作为一种先进且有效的管理方式，正逐渐在家政行业中崭露头角。

员工制管理模式，是指家政企业与家政服务人员签订正式劳动合同，将其纳入企业正式员工体系进行管理的一种运营模式，与传统的中介制等模式相比，具有显著特点。首先，家政服务人员与企业存在明确的雇佣关系，企业对员工的工作安排、培训、薪酬福利等方面承担直接责任。其次，员工制强调企业对服务质量的把控，通过统一标准、规范流程来确保为客户提供稳定、高质量的家政服务。最后，这种模式注重员工的职业发展规划和权益保障，有助于提升员工的归属感和忠诚度。

（三）家政企业平台型 O2O 模式

在当今数字化快速发展的时代，家政服务行业也迎来了全新的变革，平台型 O2O 模式在家政领域逐渐兴起并展现出巨大的优势与潜力。这种创新模式将线上虚拟平台与线下实体服务有机结合，为家政服务供需双方搭建了一个高效、便捷且优质的桥梁，如“58 到家”通过流量优势实现月活用户超 800 万人。

1. 平台型 O2O 模式的概念

家政企业平台型 O2O 模式，简单来说，就是通过互联网技术打造一个在线平台，整合家政服务的供给方（家政服务人员）和需求方（客户）。在这个平台上，客户可以通过网络随时随地浏览各类家政服务项目、查看服务人员信息、下单预约服务；而家政服务人员则能够注册入驻平台，展示自己的技能专长、工作经验等资料，接收平台分配的订单并提供线下服务。平台作为中间枢纽，负责对整个交易流程进行管理、监督和保障，确保服务质量和双方权益。

2. 平台型 O2O 模式的运作流程

（1）服务供给端入驻

家政服务人员或小型家政服务机构向平台提交入驻申请，提供个人身份信息、专业技能证书、健康证明等相关资料。对供给方进行严格审核后，平台允许符合条件的供给方入驻，并为其建立详细的档案（包括服务评价记录等）。

（2）服务展示与推广

平台将各类家政服务项目进行分类整理，详细描述每个服务项目的内容、价格范围、服务标准等信息。同时，利用大数据分析和智能推荐算法，根据用户的浏览历史、地理位置等因素，精准地向潜在客户推送合适的家政服务。

（3）客户下单与预约

客户登录平台，根据自身需求搜索相应的家政服务，在了解服务详情和服务人员信息后，选择心仪的服务和合适的服务时间进行下单预约。下单过程中，客户可以通过平台支付定金或全额费用，保障交易的顺利进行。

(4)订单分配与服务执行

平台收到客户订单后，根据订单要求和服务人员的实时状态、技能水平、地理位置等因素，智能匹配最合适的家政服务人员，并将订单推送给对方。服务人员确认接单后，按照预约时间上门为客户提供服务。在服务过程中，服务人员须严格遵守平台制定的服务规范和标准。

(5)服务评价与反馈

服务完成后，客户可以在平台上对服务质量、服务人员的表现等进行评价打分，并留下文字反馈。这些评价信息将作为其他客户选择服务人员的重要参考，同时有助于平台对服务人员进行考核和管理。平台会根据客户评价，对表现优秀的服务人员给予奖励和推送更多的订单，对存在问题的服务人员进行培训或处罚。

(6)售后服务与纠纷处理

如果客户在服务后遇到任何问题或不满意的地方，可以通过平台发起售后服务申请。平台将及时介入，协调服务人员和客户之间的沟通，尽力解决问题。若双方出现纠纷，平台将依据事先制定的规则和合同条款进行公正处理，保障双方的合法权益。

(四)家政企业垂直细分模式

当今，在竞争激烈且多元化需求不断增长的家政市场中，传统的综合性家政服务模式已难以精准满足客户日益多样化和个性化的需求。于是，家政企业垂直细分模式应运而生，并逐渐成为行业发展的新趋势。这种模式通过聚焦特定领域或特定客户群体，提供深度、专业且定制化的家政服务，展现了独特的优势与广阔的发展前景。

1. 垂直细分模式的概念与内涵

家政企业垂直细分模式，简单来说，就是将家政服务市场按照不同维度进行细致划分，企业专注于其中某一个特定的细分领域，而不是像传统模式那样涉猎各类家政服务项目。这些细分维度可以包括服务类型、服务对象、服务场景等多个方面。例如，按服务类型细分，可聚焦于高端家庭的精致收纳整理服务；以服务对象为维度，可专门针对老年人群体提供生活照料、康复护理等专属服务；从服务场景出发，则可以专注于商业办公场所的清洁维护服务等。通过这种精准定位，企业能够集中资源和精力，深入挖掘目标细分市场的需求特点，打造出具有专业性和差异化的服务产品。

扫码学习

2. 常见的垂直细分领域及特点

(1)高端家庭专属家政服务

高端家庭专属家政服务领域主要面向高收入阶层的家庭，他们对家政服务的品质、专业性和私密性有着极高的要求。服务内容不仅涵盖常规的家居清洁、烹饪等基础项目，更注重细节和个性化定制。例如，根据家庭成员的健康状况和口味偏好制定专属食谱，采用高端环保的清洁用品和先进的清扫设备进行全屋精细清扫，以及提供私人管家式服务，负责统筹家庭日常事务安排等。此类服务的特点在于服务标准高、人员素质要求严格，通常需要经过专业培训且具备丰富经验的家政人员来执行，收费相对较高。

(2)母婴护理专项服务

随着人们生活水平的提高和对母婴健康重视程度的加深，母婴护理市场需求持续增长。该细分领域的服务内容是围绕孕产妇和新生儿提供一系列专业服务，包括月嫂服务、产后康复护理、新生儿照护等。它的特点是专业性极强，要求家政服务人员具备专业的医学知识、护理技能以及丰富的实践经验。例如，月嫂需要掌握科学的产妇饮食搭配、产后身体恢复指导以及新生儿常见疾病的预防和处理等技能。此外，服务的时效性也很强，家政服务人员通常在产妇分娩后的特定时间段内为产妇提供细致周到的服务。

(3)养老护理服务

我国人口老龄化速度不断加快，养老护理成为家政服务领域的一个重要细分方向。它主要是针对老年人的生理和心理特点，提供生活照料、医疗护理、精神慰藉等全方位的服务。比如，协助老人进行日常生活起居活动(穿衣、洗漱、进食等)；为患有慢性疾病的老人提供专业的康复护理和用药提醒；组织适合老人的文化娱乐活动，丰富他们的精神生活。养老护理服务强调服务人员要有耐心、爱心和责任心，同时具备一定的老年医学和心理学知识，以满足老年人多样化的需求。

(4)办公场所专业清洁维护

与家庭清洁不同，办公场所的专业清洁维护有其独特的要求和特点。这一细分领域专注于写字楼、商业店铺等办公空间的清洁服务，包括日常的地面清洁、桌面擦拭、垃圾清理，以及定期的地毯清洗、空调维护等。它的特点是服务时间要与办公时间错峰，以减少对正常工作秩序的影响。办公场所人员流动频繁、设备设施多样，该类服务需要服务人员具备高效的工作能力和对不同清洁工具、清洁剂的熟练运用能力，确保清洁工作不影响办公环境的正常使用。

家政服务作为民生行业，正在经历从劳动密集型向技术驱动型转变。成功企业需要构建“标准化体系×技术赋能×生态协同”的三维竞争力。未来，行业将呈现“服务产品化、运营智能化、价值生态化”的发展趋势，头部企业有望通过模式创新实现快速发展。

研讨题

1. 家政市场的特点有哪些?
2. 家政市场营销的特征有哪些?
3. 家政市场营销组合的内容有哪些?
4. 家政企业的商业模式有哪些?

专创融合实训

1. 某家政企业商业模式调研和创新设计(分组进行，每组 6～8 人)：

(1)选择某一家政企业对其商业模式进行调研。

(2)每组调研的家政企业不重复。

(3)形成调研报告。

(4)运用本章理论对调研企业进行商业模式创新设计。

(5)聘请调研企业的市场销售部经理(总监)评价创新设计成果是否具有采用价值。

(6)本次活动成绩主要以上交的书面材料(商业模式画布、调研报告、照片视频资料、创新设计成果的应用价值等,装订成册)为依据来评定,教师和其他小组对材料内容的真实性进行监督和质询(商业模式画布可参考图 6-1)。

<table>
<tr><td rowspan="2">重要伙伴</td><td>关键业务</td><td rowspan="2">价值主张</td><td>客户关系</td><td rowspan="2">客户细分</td></tr>
<tr><td>核心资源</td><td>渠道通路</td></tr>
<tr><td colspan="2">成本结构</td><td colspan="3">收入来源</td></tr>
</table>

图 6-1　商业模式画布

2. 依据本章理论,借鉴调研家政企业的商业模式,设计本组创业项目的商业模式。

模块七

家政企业客户关系管理

案例导入

“王府管家”的全方位客户管理

“王府管家”成立于2018年，是从事高端家庭服务的员工制企业，致力于为高净值家庭提供衣、食、住、行、健康、教育等全方位的优质生活服务。“王府管家”已先后在广州、中山、深圳设立公司，拥有一支高素质的服务团队，拥有多名高学历、经验丰富并在国际知名管家学院经过严格训练的私人管家。公司自建了高标准的产教融合家政产业园区（广东省管家职业培训学校），该产业园区分为理论教学和实践区，以完备的培训体系、专业的师资团队与完善的教学设备而闻名。

传统家政与客户的关系为中介关系，中介促成客户与服务人员的雇佣关系，客户对中介缺乏后续的问责机制，这是一种轻量级的客户关系。“王府管家”则直接与客户签署家庭服务协议，派遣的服务人员为“王府管家”员工，由“王府管家”发放工资，并提供相关保险与福利，这样既保障了服务质量、降低了客户的用工安全风险，且问责清晰，令客户安心。“王府管家”提供的是全过程服务，通过对家庭服务人员的选拔培养、匹配输送、技能持续提升，并辅以管家协调沟通与团队综合服务，公司与客户形成了长期稳定、高度负责的强链接客户关系。

一、“王府管家”企业客户价值

“王府管家”将其目标客户定位于高净值客户。正如“王府管家”的企业口号“世界由您创造，家庭有我照料”所述，“王府管家”的客户是各行各业的精英，他们为世界创造巨大价值，时间自然十分宝贵。然而，尽管他们在各自领域叱咤风云，但面对家庭事务时也往往分身乏术、精力耗散。术业有专攻，“王府管家”通过高质量培训、员工制管理、管家高效沟通、团队综合服务使得客户安心满意，从而更好地专注于事业。这也正符合“王府管家”的服务宗旨“助客户实现时间自由”。

二、家政企业客户关怀

对于传统家政中介，为客户匹配某项家务的合适人选是其唯一关注点。作为一家有志于引领行业变革的企业，“王府管家”所关注的是客户家庭的整体家务安排是否合理、整体生活品质是否得以提升，乃至对客户的健康与情绪都予以关怀。服务人员的匹配只是其中一环。

例如，当客户的家庭成员有喜宴寿宴、儿童生日宴、开业典礼等重大事项时，现场都有来自“王府管家”的贺礼与礼仪团队专业服务的身影，其中有些是应客户邀约，也有很多是因为管家在服务过程中留意到一些细节，主动安排为客户家庭带来了惊喜。

又如，为客户提供代驾服务时，礼车管家不仅能提供安全的驾驶服务与周到的礼仪服务，还能自发地为客户带上一杯蜂蜜水以解酒。如此诸多事例，都体现了“王府管家”对客户的关怀无处不在、不胜枚举。“王府管家”的经营理念与企业文化令其每位工作人员都认识到：在标准规范的服务之上，还要用温情的态度付出真心关怀，才能赢得客户的深度信赖。

三、家政企业顾客投诉处理及预防

在传统的家政服务模式中，客户与服务人员之间直接沟通，对存在的问题直接表达，这很容易影响双方情绪，可能导致客户极度不满意。

“王府管家”提供独特的管家协调服务。在客户投诉处理方面，管家可以成为双方的沟通桥梁，形成缓冲。管家明晰了存在的问题与不足后，不是简单地传话并批评服务师，而是积极帮助服务师提高技能，动用公司力量加以改善。这包括先调配服务团队及时且高质量地解决客户问题，再安排服务师定期返回培训学校，就客户的需求由专业老师对服务师进行有针对性的提升。如此，“王府管家”在沟通机制、快速响应、长期优化三个环节都能呈现优秀的表现。

“王府管家”还重视将投诉防患于未然。首先，管家会就家务统筹、细节把控等方面为服务师做好整体的指导，并在服务初期多次上门来帮助服务师熟悉业务、减轻压力、建立自信，陪同服务师步入正轨。其次，管家也会定期来访，对服务质量进行良性监督，对服务师做得不到位的地方，及时协助其改善。这将大大减少客户的不满与投诉。尽管努力防范，但人与人之间的相处总归会发生误解与矛盾，这些误解和矛盾一旦上升为冲突，必然产生情绪问题。因此，管家对已经产生的冲突进行误会消除、情绪疏解，都是非常重要的。这将避免双方形成刻板印象，引发信任危机，步入“不满则轻易换人”的恶性循环。

四、家政企业客户忠诚管理

“王府管家”旨在为客户带来持续提升的服务体验，其建立的客户关系是一种长期关系。“王府管家”自创立以来，受到了客户的高度认可，许多初始签约客户家庭续约超过5年。一些管家、服务师因高水准的服务，如对清洁一尘不染的追求、对家庭不同成员餐饮口味的关注、对婴幼儿的悉心照料和对老人病患的贴心照顾，赢得了客户的锦旗与感谢信。

客户获得了满意的服务体验，发自内心地想要将其分享给亲朋好友，品牌的形象由此而树立。金杯银杯不如口碑，用心维护好客户关系并使客户成为忠诚客户，就是最好的宣传方式。

项目一　客户关系管理概述

知识目标

1. 理解客户关系管理的概念；
2. 理解客户关系管理的特点；
3. 了解客户关系管理的核心思想。

能力目标

1. 掌握客户关系管理的内在含义；
2. 掌握客户关系管理的内容。

基础知识

一、客户关系管理的基本概念和内在含义

（一）客户关系管理的基本概念

客户关系管理(Customer Relationship Management，CRM)是指企业为提高核心竞争力，

利用相应的信息技术及互联网技术协调企业与顾客间在销售、营销和服务上的交互，从而提升其管理方式，向客户提供创新式的个性化的客户交互和服务的过程。它的最终目标是吸引新客户、保留老客户，以及将已有客户转为忠实客户，扩大市场份额。

CRM 最早产生于美国，Gartner Group 首先提出这个概念。20 世纪 90 年代以后，伴随着互联网和电子商务的大潮，该概念得到了迅速发展。不同的学者或商业机构对 CRM 的概念都有不同的看法。

在 CRM 概念的基础上，从销售理念、业务流程和技术支持三个层次，可将 CRM 定义为：CRM 是现代信息技术、经营思想的结合体，它以信息技术为手段，通过对“以客户为中心”的业务流程的重要组合和设计，形成一个自动化的解决方案，以提高客户的忠诚度，最终实现业务操作效益的提高和利润的增长。

无论如何定义 CRM，“以客户为中心”(即“客户关怀”)是 CRM 的核心所在。CRM 通过满足客户个性化的需要、提高客户忠诚度，实现缩短销售周期、降低销售成本、增加收入、拓展市场、全面提升企业盈利能力和竞争能力的目的。任何企业实施客户关系管理的初衷都是想为客户创造更多的价值，即实现客户与企业的“双赢”。

(二)客户关系管理的内在含义

客户关系管理的内在含义应该包括三个方面，即客户、关系和管理。

1. 客户的概念

客户是企业最重要的资源，是企业的利润之源，没有客户就没有企业的生存和发展。客户是企业的焦点，尤其是服务性行业，它的产品就是服务，产品的生产过程就是为客户服务的过程。一旦客户不存在了，产品和企业也就不存在了。以客户为中心的理念是客户关系管理的基础。

现代客户关系管理中的客户，其内涵已经扩大化，企业外部的合作伙伴、企业内部上流程与下流程的工作人员皆可称为客户，这就形成了广义的客户概念。

(1)客户可能是普通消费者

普通消费者是客户这个概念的传统覆盖对象，是购买最终产品或服务的零售客户，包括个人、家庭或者集体。

(2)客户可能是其他企业

这部分客户将购买的产品或服务附加在自己的产品或服务上出售给另外的客户。

(3)客户可能是企业的合作者

处于供应链下游的企业是上游企业的客户，他们可能是批发商、零售商和物流商。只有当他们消费这些产品和服务时，他们才是用户，是产品和服务的最终接受者。

(4)客户可能是内部客户

内部客户正日益引起企业的重视，这使企业的对内和对外服务无缝地连接起来。由于背景、地位、文化的差异，内部客户对不能达到的保质保值的服务通常不予以正面抗议，而将责任或不便转嫁给企业之外的客户。

2. 关系的概念

关系，是指两个人或两组人中的一方对另一方的行为方式及感觉状态。企业之间已经历了产品的竞争、服务的竞争，发展到了客户关系的竞争。在客户关系中，企业要力求与客户建立和保持一种长期、良好、和谐的合作关系，这是一种互动的、相互了解和影响的关系。企业与客户的关系有以下特征。

(1)关系的时间性

任何关系都有一个生命周期，即从关系建立、关系发展、关系维持到关系破坏、关系结束的过程。企业与客户的关系也有从建立到终止的时段，即客户关系生命周期。良好的客户关系需要慢慢积累，企业要有足够的耐心进行培养。

(2)关系的脆弱性

企业与客户建立、发展与维持关系需要投入大量的人力、物力、财力与时间。在客户关系建立阶段，企业是要求建立关系的一方，付出会比较多。关系稳固以后，企业才开始逐渐获得回报，不过越是这个阶段，企业越容易懈怠，越容易忽视维持关系的必要性。

(3)关系的双重性

企业和客户的关系可以分为外在关系和内在关系。外在关系具有一定的行为特征，如重复购买；而内在关系则具有感情特征，如偏爱和向外推荐等。显然，好的外在关系可以为企业带来利润，但外在关系具有明显的脆弱性，企业往往只重视外在关系而忽视内在关系，结果造成关系的破坏。实践证明，企业一旦与客户建立了情感关系，就有可能使客户忠诚。忠诚客户乐于与企业交往，乐此不疲地购买企业的产品，会对企业更加宽容，对产品价格也相对不敏感，这样的客户关系就变成了企业的核心竞争力，使竞争对手不易模仿。

3. 管理的概念

客户关系管理是一个面向客户的管理系统，它整合了企业资源和业务流程，实现了客户和企业之间交互式的无缝连接，达到客户对企业产品和服务的完美体验，从而利用客户关系来提升销售利润。这种管理具有以下几个特征。

(1)管理的主动性

管理的主动性是指对客户关系的生命周期进行积极介入和控制，使这种关系能最大限度地帮助企业实现它所确定的经营目标。企业不能消极地管理这种关系，在没有关系时要想方设法建立关系，有了浅层次的关系之后，要努力培养和加深这种关系。总之，企业要通过主动的管理，使客户关系向纵深发展并趋于永久化。

(2)管理的区别化

企业的资源是有限的，企业实行区别化管理的目的就是要把有限的资源投到最有价值的客户身上。不同的客户对企业的贡献是不同的，企业也无须让所有的客户满意。所以，企业对客户是区别对待的，资源会集中于能给企业带来丰厚利润的核心客户。企业不会把一般客户作为管理的重点，而对于那些管理成本过高，使企业获利为零，甚至可能是负利润的客户，将用一定方式将其排除在关系管理的范围之外。

(3)管理的技术性

无论是选择主动性管理还是区别化管理，客户数量众多的企业都离不开客户数据管理。

企业依靠所掌握的客户信息来对客户进行主动接触和跟踪管理,并对大量的客户数据进行详细的分析。

二、客户关系管理的特点

(一)客户关系管理是一种管理理念

在工业时代,企业是以土地、资本这些"物"为中心的;而当今在这个以客户为中心的时代,管理软件是管理思想和管理理念的载体,客户关系管理就代表着这个时代核心的管理理念,激励有价值的客户保持忠诚。

(二)客户关系管理是一种技术手段

要把以客户为中心的理念付诸实施,需要相应的技术支持。客户关系管理正是充分把握客户资源的重要手段,通过现代化的信息手段不断改善客户关系、互动方式、资源调配、业务流程和自动化程度,真正实现客户满意度的最大化。

(三)客户关系管理是一种商业策略

企业的根本目的是盈利,所以转变管理思想、改进管理方式、更新管理工具等都是企业达成根本目标的途径。其中,客户关系管理就是一种通过技术与理念的结合选择和管理有价值的客户及其关系的商业策略。它可以有效地支持和整合市场、销售和服务的流程,以达到企业经营的目标。

(四)客户关系管理是一种企业文化

只有领导者具有客户思维是不够的,以客户为中心的运作模式要得到全体员工的真心认同,要成为企业文化的一部分。员工只有认识到客户和企业及个人的长远利益的紧密关系,才能更好地配合客户关系管理对资源和流程进行整合,以更高的效率利用这个系统,以更敏感的思维感知客户,以更大的责任感修正客户对企业的不良体验。

(五)客户关系管理是一种经营哲学

有了客户关系管理,企业可以通过提高客户满意度来减少客户的流失。通过客户关系管理,企业可以更大程度地进行差异化服务,对新老客户进行个性化的交流。更重要的是,企业甚至可以在客户明确自己的需求之前理解、发掘和满足他们的需求。这种经营哲学影响着整个企业的运转方向和经营方式。

三、客户关系管理的内容

CRM 涵盖了从客户获取、客户互动、销售管理到客户服务和支持的整个过程。CRM 具体包括以下内容:

1. 客户信息管理

客户信息管理是客户关系管理的基础。企业需要收集、整理和分析客户的基本信息，如姓名、性别、年龄、职业等，以及购买行为、反馈意见等，以建立完整的客户档案。这些信息可以帮助企业了解客户的喜好、需求和购买习惯，为后续的个性化服务和营销策略提供依据。

2. 客户细分

客户细分是根据客户的特征、需求和行为，将客户划分为不同的群体。通过对不同客户群体的分析，企业可以更好地了解每个群体的需求和偏好，制定更精准的营销策略和服务方案。这有助于企业更好地满足客户需求，提高客户满意度和忠诚度。

3. 客户沟通

客户沟通是客户关系管理中不可或缺的一环。企业需要与客户保持密切的联系，及时了解他们的需求和反馈。通过电话、邮件、社交媒体等多种渠道，企业可以与客户进行有效的沟通，提高客户满意度和忠诚度。企业还需要建立良好的客户服务体系，为客户提供及时、准确、高效的服务。

4. 客户关怀

客户关怀是指企业通过各种方式关心客户的生活和工作，提高客户的归属感和忠诚度。例如，企业可以为客户提供个性化的生日祝福、节日祝福、优惠券等，让客户感受到企业的关心和温暖。此外，企业可以通过提供优质的售后服务、定期回访等方式，提高客户的满意度和忠诚度。

5. 客户价值分析

客户价值分析是指企业评估客户的价值和贡献，以确定哪些客户对企业最有价值。通过对客户价值的分析，企业可以制定更有效的营销策略和服务方案，提高客户的满意度和忠诚度。企业还可以根据客户价值的不同，制定不同的营销策略和服务方案，实现资源的优化配置。

6. 客户关系评估

客户关系评估是指企业定期对客户关系进行评估，以了解客户的满意度、忠诚度和流失率等指标。通过对这些指标的分析，企业可以及时发现问题并采取相应的措施，以维护和提升客户关系。企业还可以根据评估结果调整营销策略和服务方案，提高企业的竞争力。

7. 客户服务优化

客户服务优化是指企业不断改进和提高客户服务的质量和效率。通过优化服务流程、提高服务人员的素质和能力、引入先进的客户服务技术等方式，企业可以提高客户的满意度和忠诚度，增强企业的竞争力。企业还可以通过提供个性化的服务方案、建立完善的售后服务体系等方式，提高客户的满意度和忠诚度。

8. 营销策略优化

基于对客户的深入了解和分析，企业可以制定更精准的营销策略。通过个性化推荐、优惠券发放、会员制度等方式，企业可以吸引新客户并维护老客户的忠诚度。通过市场调查和数据分析，企业可以了解市场需求和趋势，及时调整产品和服务策略，满足客户合理需求。

9. 销售管理

CRM 系统可以整合销售流程，从线索管理到订单执行，帮助企业提高销售效率。通过利用自动化销售流程、销售预测和报告等功能，企业可以更好地管理销售团队和销售渠道，提高销售业绩。

10. 数据分析与决策支持

CRM 系统可以收集和分析大量客户数据，为企业决策提供支持。通过数据挖掘和利用分析工具，企业可以了解客户需求和市场趋势，为产品研发、市场营销和销售策略制定提供依据。通过数据可视化工具，企业可以直观地展示数据和分析结果，帮助决策者更好地理解和把握市场动态。

四、客户关系管理的核心思想

扫码学习

（一）全面提高客户满意度

市场的激烈竞争使许多商品或服务在品质方面的区别越来越小，这种同质化的结果使商品品质不再是客户消费选择的唯一标准，客户越来越注重企业能否满足其个性化的需求和能否提供及时的高质量服务。在企业越来越感觉到客户将是市场竞争至关重要的资源时，客户满意度和客户忠诚度就显得越来越重要。

客户满意度是指客户通过对一个产品或服务的可感知效果与其期望值相比较后，形成的愉悦或失望的感觉状态。客户满意度取决于可感知效果和期望值之间的比较。如果可感知效果低于期望值，客户就觉得不满意；如果可感知效果与期望值相匹配，客户就觉得满意；如果可感知效果大于期望值，客户就觉得非常满意。较高的客户满意度能使客户在心理上对产品品牌产生稳定的依赖和喜爱，也正是这种高满意度创造了客户对该产品品牌的高忠诚度。对于企业来说，仅仅知道和了解客户对企业已经或正在提供的产品和服务是否满意是不够的，一般只具有借鉴和参考作用，只是意味着企业获得了进入市场的通行证。只有通过对客户满意度的研究，掌握了客户对企业产品的信任和满意程度，全面提高有价值客户的满意度，才能对企业发掘潜在的客户需求、扩大未来市场销售有重要的指导意义。

（二）努力提高客户忠诚度

客户满意是企业一直追求的目标，追求客户满意的目的从长远来看在于缔造客户的忠诚。因为只有忠诚客户才是企业持续不断的利润来源，这不仅由于忠诚客户直接的重复消费，更由于其口碑和推介效应，忠诚客户给企业带来的间接收益无法估量。要想提高客户的忠诚度，企业首先就要完整地认识整个客户关系生命周期，从技术上提供与客户沟通的统一平台，提高员工与客户接触的效率和客户反馈率，建立多样化的沟通渠道和灵活高效的激励机制，形成一个完整的反馈流，从而既能为客户提供高品质服务，使客户在意想不到的时刻感受来自企业点对点、面对面的关怀，又可以使企业实时掌握市场动态，迅速开发出新的市场。其次，提高客户忠诚度的重要手段是提供个性化的产品和服务，或根据客户的不同需求提供不同内容的产品，这样客户再次光顾的可能性才会增加。此外，在保证客户服务，让客户满意和建立良好信誉的基础上，通过适当的方法实施客户忠诚度计划将为企业带来巨大的价值。

（三）开发新客户，保持老客户

从企业的经营过程来看，无论企业多么努力，客户仍然是不断流失的，只是不同阶段速度不同而已。因此，企业要不断开发新客户以补充流失的客户及扩大客户群。保持老客户的意义更是不言而喻，老客户的再次营销成本更低，老客户也能通过示范和推荐给企业带来新客户。开发新客户并保持老客户一直是客户关系管理的核心思想。一方面，企业通过客户关系管理对客户信息资源进行整合，帮助企业捕捉、跟踪、利用所有的客户信息，在全企业内部实现资源共享，从而使企业更好地挖掘和管理客户资源，为客户提供快速周到的优质服务；另一方面，客户可以选择自己喜欢的方式同企业进行交流，方便地获取信息并得到更好的服务。客户满意度得到提高，就能帮助企业保留更多的老客户，并有效地吸引新客户。

（四）鉴别把握核心客户

依据客户的某些特征或属性，实施客户分级，针对不同的细分群体制定相应的策略，有效地识别和维护核心客户，通常对企业的利润产生至关重要的影响。企业是以利润为核心的经济体，在不违背社会道德规范的前提下，企业不需要使客户都满意。正如果农会摘去一些羸弱的果实，以获得更好的收成，企业也要学会鉴别客户，从中甄选出交易频率高、金额大的核心客户来。但这种鉴别需要通过科学测算而不是通过主观臆断，需要建立在准确的数据分析基础之上，而不是凭印象和经验判断。客户关系管理系统会准确记录企业与客户在市场、销售和服务环节中的每一次接触，并提供科学分析遴选的工具和方法，从接触的历史中帮助企业鉴别出核心客户来。由于客户关系管理贯穿企业销售服务的整个过程，企业为核心客户提供定制化的个性服务，自然可以有效地把握核心客户，使其满意并忠诚。

总之，通过实施有效的 CRM，企业可以更好地了解客户需求，提高客户满意度和忠诚度，从而实现业务增长，取得竞争优势。

项目二 家政企业客户价值

知识目标

1.理解客户价值的含义；

2.熟悉影响家政企业客户价值的要素；

3.掌握提升家政企业客户价值的策略。

能力目标

1.能够收集、整理和分析家政企业客户数据，评估客户价值；

2.针对不同价值层级的客户，制定、实施差异化的客户营销策略。

基础知识

一、客户价值的定义

客户价值，简而言之，是指客户通过购买和使用产品或服务，所获得的整体满足和实际利益。这种价值不仅体现在产品或服务的性能和价格上，更包括客户在整个交互过程中感受的体验和情感。

客户价值通常被理解为客户从购买和使用产品或从服务中获得的利益与其为此所付出的代价（包括金钱、时间、精力等）之间的比较。简而言之，客户价值是衡量顾客获得的满足程度与其付出的牺牲程度之间的差值。高客户价值意味着客户从产品或服务中获得的利益远大于其付出的成本，这直接影响客户的满意度、忠诚度，以及再购买意愿。

二、客户价值的构成要素

客户价值的构成要素有：

（1）产品或服务的质量。这是客户价值的基础，直接关系到客户获得的实际利益。高质量的产品或服务能够更好地满足客户需求，从而提升客户价值。

（2）价格。价格是客户付出的最直接的成本。合理的定价策略不仅能够吸引客户，还能在客户心中建立起产品或服务的价值感。客户通常期望用最低的成本获取最大的价值。

（3）客户服务。优质的客户服务可以提升客户体验，减少客户的时间和精力成本，进而提高客户价值。及时、专业的服务能够解决客户的问题，增强其对企业的依赖和黏性。

（4）品牌形象。强大的品牌形象能够为客户带来额外的心理价值，如归属感、自豪感等，这也是客户价值的重要组成部分。

（5）体验和情感。客户在使用产品或服务时的体验和情感也是客户价值的关键组成部分。愉悦的体验和积极的情感有助于提升客户的满意度，进而提升其对企业的忠诚度。

扫码学习

三、客户价值对家政企业的重要性

客户价值对家政企业的重要性主要体现在以下几个方面：

1. 提升客户忠诚度

客户价值的提升有助于建立稳固的客户关系，提升客户的忠诚度。忠诚的客户更愿意持续合作，成为家政企业的重要资源。

2. 降低客户流失率

通过提供有竞争力的服务，提升客户的满意度，家政企业能够减缓客户流失的速度。这有助于维护现有客户基础，降低客户流失率，降低市场份额的流失。

3. 增加客户生命周期价值

通过提高客户价值，家政企业能够延长客户的生命周期价值。高水平的客户价值有助于家政企业实现持续盈利。

4. 创造竞争优势

在竞争激烈的市场中，提供更高客户价值的家政企业更容易脱颖而出。客户愿意为高价值付出更多，使家政企业在市场中占据竞争优势。

5. 反馈持续改进

客户价值的不断提升需要企业不断改进和创新。通过关注客户的需求和反馈，家政企业可以更灵活地适应市场变化，提升服务的竞争力。

四、家政企业提升客户价值的策略

1. 不断提高服务质量

不断提高服务质量是提升客户价值的根本途径。为此，家政企业要确保家政服务人员接受专业培训，具备高效清洁、烹饪、护理等技能；应不断研发创新服务，提供个性化与定制化服务，如特殊清洁要求、特定时间的家政服务；对于有老人、儿童或宠物的家庭，提供相应的关怀服务，如儿童看护、宠物照顾等；提供 24 小时紧急家政服务，如突发清洁需求、紧急修理；等等。通过这些措施满足客户日益变化的需求，提高服务的附加值，优化服务流程，以满足甚至超出客户的期望，从而提升客户对企业的认可度和忠诚度。除此之外，家政企业还应该建立标准化的服务流程和质量检查，确保服务的一致性和可靠性；定期对服务人员进行监督，收集客户反馈，及时调整和改进服务。

2. 实施灵活的定价策略

通过市场调研了解客户对价格的敏感度，家政企业可以实施更为灵活的定价策略，如价值定价、动态定价等，以吸引不同细分市场的客户，提升整体的客户价值感知；还可以为长期客户提供会员计划，包括积分累积、折扣优惠等，提升客户忠诚度。

3. 强化顾客服务和体验

家政企业要提供在线预订、移动应用等多渠道预订方式，简化预约流程。确保对客户请求和投诉的快速响应，提高服务效率。保持与客户的良好沟通，明确服务范围、时间安排和费用，避免误解。这些措施都能够显著提升客户体验，降低客户的非财务成本，从而提升客户价值。

4. 建设和维护品牌形象

家政企业要提供清晰、透明的定价策略，避免隐藏费用，增强客户信任。确保实施家政服务人员的背景审查，提供服务保障，保护客户权益。定期向客户更新服务进展，提供服务后的满意度调查，建立长期的信任关系。通过高质量的服务、负责任的社会行为、有效的市场沟通策略等手段建设和维护积极的品牌形象，可以增强客户对品牌的信任度和忠诚度，提供额外的心理价值，进一步提升客户价值。

通过上述策略，家政企业不仅能够提升服务的专业性和客户满意度，还能够增强品牌忠诚度，促进长期的客户关系，从而提升整体的客户价值。

项目三　家政企业客户关怀

知识目标

1. 理解客户关怀的含义；
2. 掌握客户关怀的步骤；
3. 掌握客户关怀的策略。

能力目标

1. 依据客户特点，制定切合实际的客户关怀策略；
2. 熟练运用客户关怀方式，提升客户体验；
3. 通过客户反馈和数据分析，评估客户关怀效果。

基础知识

一、客户关怀的含义和类型

（一）客户关怀的含义

客户关怀是指企业通过积极有效的方式与客户进行沟通和互动，关心和理解客户的需求，提供个性化的服务和支持，从而建立稳固的合作关系的过程。客户关怀不仅仅是简单的关怀，更是一种主动的沟通和有效的互动。

客户关怀是由克拉特巴克提出的，他认为客户关怀是服务质量标准化的一种基本方式，它涵盖了公司经营的各个方面，从产品或服务设计到如何包装、交付和服务。它强调对从设计和生产到交付和服务支持的每一个元素的关注，目的是在追求成本优势的同时，提高客户满意度，增强客户忠诚度。

（二）客户关怀的类型

1. 售前客户关怀

售前客户关怀主要是通过对客户进行宣传教育，加强客户对产品知识的了解。售前客户关怀的主要形式包括产品推广、展示会、广告宣传和知识讲座等。售前客户关怀的好坏直接关系到企业能否争取到客户资源，创造客户价值。

2. 售中客户关怀

售中客户关怀与企业提供的产品和服务联系在一起，包括产品订单的处理以及各种相关的细节，这些都要与客户的期望相吻合。售中客户关怀可以为客户提供各种便利，如良好的洽谈环境、简化的交易手续，体现为过程性，让客户在购买产品的过程中感受到优质的服务。

3. 售后客户关怀

售后客户关怀是提供优质全面周到的售后服务，不仅是客户较关心的内容，也是企业争取客户资源的重要手段。售后客户关怀集中体现在高效地跟进和圆满完成产品的维修等相关步骤，目的是促使客户产生重复购买行为。

二、客户关怀的重要性

1. 提高客户满意度

通过客户关怀，企业可以了解客户的需求和意见，提供个性化的产品和服务，满足客户的期望和要求，从而提高客户满意度。

2. 增强客户忠诚度

通过建立良好的客户关系，企业可以让客户感受到关心和尊重，增强客户的信任和忠诚度，提高客户的回购率和推荐率。

3. 提升客户价值

通过客户关怀，企业可以及时发现客户的需求变化和市场趋势，进而根据客户的需求开发新的产品和服务，提升客户价值。

4. 降低客户流失率

良好的客户关系可以帮助企业及时发现客户的不满和问题，并采取有效措施进行解决，降低客户流失率，与客户保持长期合作关系。

三、客户关怀的实施步骤

客户关怀的实施步骤如下：

(1)建立客户档案。记录客户的基本信息、消费习惯、喜好爱好等，以便更好地了解客户需求。

(2)定期回访。通过电话、短信、邮件等方式与客户保持联系，了解客户的近况和需求，及时解决问题。

(3)举办客户活动。组织客户聚会、座谈会、旅游活动等，增进与客户之间的情感交流。

(4)定制个性化服务。根据客户的消费习惯和偏好爱好，提供专属的服务方案。

(5)建立客户投诉处理机制。及时解决客户的投诉和意见，增强客户对企业的信任和满意度。

(6)持续改进服务质量。不断优化服务流程，提升服务水平，为客户提供更优质的服务体验。

(7)建立客户反馈机制。通过客户反馈了解满意度和不满意度情况,及时调整服务策略。

(8)加强员工培训。提升员工的服务意识和专业水平,提供更优质的服务。

(9)建立客户奖励机制。对忠诚度高的客户提供奖励和优惠,增强客户黏性和忠诚度。

(10)利用社交媒体进行客户互动。通过微博、微信等平台与客户进行互动和交流。

(11)建立客户服务热线。提供便捷的沟通渠道,解决客户的问题和需求。

这些步骤共同构成了客户关怀的全面实施方案,旨在提升客户满意度和忠诚度,从而增强企业的竞争力和市场地位。

四、家政企业实施客户关怀的策略

扫码学习

家政企业实施客户关怀是建立长期客户关系、提升客户满意度和忠诚度的关键策略。有效的客户关怀不仅能够解决客户的问题,额外的贴心服务和沟通还能让客户感到企业的关心和尊重,从而增强客户黏性。以下是家政企业实施客户关怀策略的几个关键方面:

(1)进行个性化的沟通。通过邮件、短信或电话,定期向客户发送节日问候、生日祝福,增强情感联系;根据客户的服务历史,提供个性化的服务提醒,如清洁周期提醒、特殊服务需求提醒等。

(2)建立快速响应机制。提供电话、在线聊天、社交媒体等多种沟通渠道,确保客户能够快速联系到客服;设立专门的客服团队,对客户的问题和投诉进行快速响应和有效解决,确保客户满意。

(3)提供增值服务项目。提供紧急服务支持,为有需要的客户提供紧急家政服务,如突发清洁需求、紧急维修等;实施会员计划,为常客提供会员计划,包括积分累积、优惠券、优先服务等,增强客户黏性。

(4)重视客户反馈与改进。定期进行客户满意度调查,收集客户对服务的意见和建议。根据客户反馈,持续优化服务流程和质量,确保满足客户的需求。

(5)确保安全,提供保障。确保所有服务人员经过严格的背景审查,提供安全可靠的服务;提供服务保障,如损坏赔偿、服务不满意重做等,增加客户信任。

(6)加强教育与培训。定期向客户分享家政小知识,如清洁技巧、健康生活建议等,增加客户价值。持续培训服务人员,提升专业技能和服务态度,确保服务的一致性和高品质。

(7)增强情感连接。通过社交媒体等渠道,分享家政服务中的温馨故事,增强客户与企业之间的情感联系;参与社区活动,如举办家政小讲堂、参与社区清洁日等,提升品牌形象,增强社区归属感。

通过这些客户关怀策略,家政企业不仅能够满足客户的具体需求,还能通过情感和价值的传递,建立更深层次的客户关系。这种关系的建立,有助于提升客户忠诚度,促进口碑传播,最终推动企业的长期发展。

项目四　家政企业客户投诉处理及预防

知识目标

1. 理解客户投诉的含义；
2. 掌握投诉处理的原则、流程；
3. 了解客户投诉预防机制。

扫码学习

能力目标

1. 依据投诉情况提出合理且令客户满意的解决方案；
2. 构建完善的投诉预防体系。

基础知识

客户投诉，是指客户由于对企业产品质量或服务上的不满意而提出的书面或口头上的异议、抗议、索赔和要求解决问题等行为。客户投诉是每一个企业皆会遇到的问题，它是客户对企业管理和服务不满的表达方式，也是对企业而言有价值的信息来源，它为企业创造了许多机会。

一、企业重视客户投诉的必要性

客户投诉虽然从表面上看是负面的反馈，但实际上对企业有着重要的积极意义。企业重视客户投诉的必要性体现在以下几个方面：

(1)改进产品和服务。投诉直接指出了产品或服务中的不足之处，为企业提供了一个明确的改进方向。通过解决这些问题，企业可以提升产品和服务质量，从而提升客户满意度。

(2)增强客户忠诚度。当企业积极回应客户的投诉并采取行动解决问题时，客户往往会对企业产生正面印象。这种积极的互动能够增强客户的忠诚度，因为他们感到了企业对他们的关注和尊重。

(3)预防未来问题。通过分析投诉，企业可以识别出潜在的问题模式，从而采取预防措施，避免类似问题再次发生。这有助于企业长期稳定发展，减少未来的客户流失。

(4)提升企业形象。公开、透明地处理投诉，尤其是将解决过程和结果分享给公众，可以提升企业的公众形象。这表明企业愿意承担责任，积极解决问题，对客户负责。

(5)促进创新。有时候，客户的投诉可能激发企业思考创新的解决方案。在解决投诉的过程中，企业可能发现新的机会或改进现有产品和服务的方式。

(6)收集市场信息。投诉是客户直接反馈的宝贵资源，可以帮助企业了解市场动态、客户需求和偏好，从而调整策略，更好地满足市场需求。

(7)优化内部流程。处理投诉的过程可以促使企业审视和优化内部流程(包括客户服务、质量控制和沟通机制)，这有助于提高整体运营效率和效果。

总之，客户投诉不仅是企业改进的契机，也是增强与客户关系、提升企业竞争力的重要途径。企业应视投诉为机会，积极倾听客户声音，及时响应，持续改进。

二、家政企业客户投诉的处理

投诉不是孤立存在的，可能与企业的结构、流程、研发、销售和服务，甚至外部宏观、微观市场环境变化有关。

1. 为客户投诉提供便利条件

家政企业应该为客户投诉提供便利条件，鼓励客户投诉，从而使家政企业能够重新审视产品、服务、内部资源管理等一系列问题，找出其中的不足，有则改之，无则加勉。

(1)制定明确的服务标准及补偿措施。家政企业通过制定服务标准，客户可以明确自己接受的服务是否符合标准，是否可以投诉以及投诉后所得到的补偿。家政企业在执行上述标准的过程中，还能在客户投诉之前对服务的缺陷采取相应补偿措施。

(2)引导客户怎么投诉。家政企业应在有关宣传资料上详细说明客户投诉的方法。它包括投诉的步骤、向谁投诉、如何提出意见和要求等，以鼓励和引导客户向企业投诉。

(3)方便客户投诉。家政企业应尽可能降低客户投诉的成本，减少其花在投诉上的时间、精力、货币与心理成本，使客户的投诉变得容易、方便和快捷。

(4)设立免费投诉电话或意见箱，建立激励投诉的制度。家政企业可以专门设立投诉基金，实行有奖投诉。

2. 建立处理客户投诉的机制

全力解决客户投诉的关键是要建立起灵活处理客户投诉的机制，为此家政企业必须采取以下措施：

(1)设立专门的投诉处理部门或团队，确保客户有明确的渠道反馈问题。

(2)制定投诉处理流程和标准操作程序，包括投诉接收、记录、调查、解决和反馈等环节。

(3)维系客户，建立服务数据库(包括完备的客户投诉详细记录系统)。这样公司可以及时将相关信息传送给解决问题所涉及的每一个员工，分析客户投诉的类型和缘由并且相应地调整公司的政策。

3. 处理客户投诉的主要步骤

(1)安抚和道歉。不管客户的心情如何不好，不管客户在投诉时的态度如何，也不管是谁的过错，家政企业的工作人员要做的第一件事就应该是平息客户的情绪，缓解他们的不快，并向客户表示歉意。工作人员还得告诉他们，公司将完全负责处理客户的投诉。必须确保首次响应的专业性和同理心，让客户感到被尊重和理解。

(2)投诉记录。详细地记录客户投诉的全部内容，包括投诉者、投诉时间、投诉对象、投诉要求。

(3)判定投诉性质。确定客户投诉的类别，再判定客户投诉理由是否充分，投诉要求是否合理。如投诉不能成立，应迅速答复客户，婉转说明理由，求得客户谅解。

(4)明确投诉处理责任。按照客户投诉内容分类，确定具体的投诉接收部门、受理负责人。属于合同纠纷的，交企业高层主管裁定；属于运输问题的，交货运部门处理；属于质量问题的，交质量管理部门处理。

(5)查明投诉原因。对投诉进行详细调查，收集所有相关信息(包括服务记录、员工反馈等)，确保全面了解问题。与涉及的服务人员进行沟通，了解事件经过，必要时进行现场调查，确认造成客户投诉的具体原因和具体责任部门及个人。

(6)提出解决办法。参照客户投诉要求，提出解决投诉的具体方案。根据调查结果，公正、合理地解决问题，包括但不限于服务补救、赔偿、道歉等。

(7)通知客户。向客户详细解释问题的调查结果和解决方案，确保客户满意。定期向客户反馈问题解决的进展，直至问题完全解决。

(8)责任处罚。对造成客户投诉的直接责任者和部门主管按照有关制度进行处罚，同时对造成客户投诉得不到及时圆满处理的直接责任者和部门主管进行处罚。

(9)提出改善对策。通过总结评价，吸取教训，提出相应的对策，改善企业的经营管理和业务管理，减少客户投诉。

(10)跟踪。解决问题后，进行后续跟踪，确认客户对解决方案的满意度，以及服务是否恢复正常。通过电话、邮件或在线调查的方式，收集客户对投诉处理过程的反馈，用于持续改进。

三、家政企业客户投诉的预防

客户未投诉时，家政企业应加强自身服务的质量管理和企业内部文化和机制的建设，确保客户满意，避免投诉的产生。

1. 加强服务质量管理

(1)加强服务人员的培训与教育。对所有员工进行定期的客户服务和专业技能培训，确保他们了解并遵守企业服务标准。强化员工的职业道德教育，培养他们对工作的责任心和对客户的尊重。

(2)明确服务标准与流程。制定清晰、具体的服务标准和操作流程，确保每位员工都清楚自己的职责和工作要求。定期审查和更新服务流程，以适应市场变化和客户需求。

(3)加强质量控制与监督。实施严格的质量控制措施，如定期的现场检查、员工绩效评估等，确保服务达到标准。使用客户满意度调查和反馈系统，定期收集客户对服务的评价，及时调整服务策略。

(4)提供个性化服务。了解并记录客户的特殊需求和偏好，提供定制化服务，提升客户满意度。建立客户档案，记录服务历史和客户反馈，为每位客户提供更加个性化的服务体验。

(5)持续改进与创新。定期审查和优化服务流程，引入新技术和工具，提升服务效率和质量。关注行业趋势和客户需求变化，不断创新服务内容和模式，保持竞争力。

2. 重视投诉处理的培训

家政企业服务人员处理客户投诉的能力强弱与投诉事件是否得以有效解决有非常大的关系。有效的培训不仅能够提升员工的投诉处理能力，还能增强他们对客户满意度的重视。投诉处理培训的关键点如下：

（1）理解投诉处理的重要性。强调投诉处理在维护客户关系、提升客户满意度和企业声誉中的作用。讲解投诉处理对企业持续发展和市场竞争的重要性。

（2）沟通技巧培训。教授如何倾听客户的意见，确保充分理解客户的问题和需求。培训积极倾听、同理心沟通、非言语沟通等技巧，以建立信任和缓解客户情绪。

（3）问题解决能力。培训员工识别问题本质、分析原因和制定解决方案的能力。强调快速响应和有效解决问题的重要性，以减少客户等待时间，提高满意度。

（4）情绪管理与压力应对。教授如何在面对情绪激动的客户时保持冷静和专业。培训员工如何管理自己的情绪，避免将个人情绪带入工作中，保持积极的服务态度。

（5）公司政策与流程。详细讲解公司的投诉处理流程、政策和标准操作程序。确保员工熟悉所有与投诉处理相关的内部规定，能够按照公司政策行事。

（6）法律知识与行业标准。提供与行业相关的法律知识培训，如消费者权益保护法等，确保处理投诉时合法合规。介绍行业标准和最佳实践，提升员工的专业水平。

3. 围绕"客户完全满意"建设企业文化

客户投诉管理作为企业内部一项活动，它的有效进行通常需要企业内部几乎所有部门的参与，因此强调重视客户需求，以客户满意为目标的价值取向必须得到企业所有员工的认同，而这种认同必须建立在"以客户满意为中心"的企业文化中。家政企业可以采取以下措施：

（1）明确服务价值观。确立以客户为中心的服务理念，将"客户满意"作为企业核心价值观之一。明确服务标准，如响应速度、专业性、个性化服务等，确保所有员工了解并遵守。

（2）建立服务导向的激励机制。设立以客户满意度为导向的绩效评估体系，将服务质量和客户反馈作为员工评价的重要标准。提供服务奖励，如最佳服务奖、客户满意度奖等，激励员工提供优质服务。

（3）强化内部沟通与协作。建立开放的沟通渠道，鼓励跨部门协作，确保服务流程顺畅。定期召开服务会议，分享服务经验，讨论服务改进措施，增强团队凝聚力。

（4）持续收集客户反馈。建立有效的客户反馈机制，如满意度调查、在线评价等，及时了解客户的需求和期望。定期分析客户反馈，识别服务中的问题和改进点，持续优化服务流程。

（5）注重服务创新。鼓励员工提出服务改进或创新的建议，定期举办创新服务大赛。引入新技术，如智能家居服务、在线预约系统等，提升服务效率和客户体验。

（6）建立服务案例库。收集和整理服务过程中的成功案例，作为员工培训和内部分享的资源。分析服务案例，总结服务技巧和经验，促进知识共享和技能提升。

项目五 家政企业客户忠诚管理

知识目标

1. 理解客户忠诚的概念；
2. 区分客户忠诚的类别；
3. 掌握家政企业提高客户忠诚度的策略。

扫码学习

能力目标

1. 依据客户忠诚的类别区分家政企业客户忠诚的常见类型；
2. 针对现实中的家政企业制定提高客户忠诚度的策略。

基础知识

忠诚的客户会长期、大量地购买企业的产品和服务，愿意为企业的产品和服务支付较高的价格，进而给企业带来更多的经济收益。一般情况下，企业往往需要花费大量的营销费用来获取新客户，而拥有大批忠诚客户的企业，通常可以节省大量营销费用和客户的获取费用。此外，忠诚客户的口头宣传还可以为企业吸引新客户，在降低广告费用的同时获得较好的宣传效果。因此，培育客户的忠诚度应当是企业经营管理的重要目标。

一、客户忠诚的概念

客户忠诚的概念在过去十多年里日益得到广泛关注。在 20 世纪 60 年代和 70 年代，不少学者从行为视角来界定客户忠诚。

美国学者纽曼和沃贝尔认为，忠诚的客户是指那反复购买某品牌的产品，并且只考虑该品牌的产品而不会寻找其他品牌信息的客户。

塔克将客户忠诚界定为连续 3 次购买某品牌的产品或服务。布莱博格和森则强调应该把购买比例作为忠诚行为的测算基础。

美国学者雅各布和柴斯那特率先探讨了忠诚的心理含义，从而为客户的行为忠诚(如重复购买)提供了有意义的补充。按照他们的观点，企业应该综合考虑客户忠诚的行为因素和心理因素。

斯特劳斯等人指出，情感与忠诚之间存在显著的相关性。真正忠诚的客户不仅会反复购买企业的产品和服务，还会真正喜欢企业的产品和服务。企业只有综合分析客户的购买行为和客户对企业产品和服务的态度，才能更准确地衡量客户的忠诚程度。

奥利弗把客户忠诚定义为“对自己偏爱的产品和服务具有的未来持续购买的强烈愿望，以及将其付诸实践进行重复购买的客户意愿”。这些真正忠诚的客户不会因外部环境的变化或竞争对手的营销活动而出现行为转换。在此基础上，奥利弗进而界定了“最终忠诚客户”的内涵，即抓住任何可能的机会，不惜任何代价而购买自己所偏爱品牌的产品或服务的客户。

他进一步根据客户忠诚的形成过程把客户忠诚划分为认知忠诚、情感忠诚、意愿忠诚和行为忠诚四大类。尽管客户忠诚的重要性得到了人们的广泛认同，但对于客户忠诚的内涵是什么，什么样的客户才是忠诚的客户，理论界还有很多争议。本书把客户忠诚界定为“客户在较长的一段时间内对企业产品或服务保持的选择偏好与重复性购买”，这可从以下两个方面来理解。

（一）态度积极

态度积极代表了客户对企业产品积极的态度取向，也反映了客户将产品推荐给其他客户的意愿。客户忠诚是指企业的营销行为，或品牌个性与客户的生活方式，或价值观念相吻合，消费者对企业或品牌产生情感，甚至引以为豪，并将其作为自己的精神寄托，进而表现出持续购买的欲望。

（二）行为重复

行为重复是指客户在实际购买行为上能持续购买某一企业产品的可能性，可以用客户购买产品的比例、购买的顺序、购买的可能性等指标来衡量。这种持续的购买行为可能出自对企业产品的好感，也可能出自购买冲动、企业的促销活动、客户的购买习惯、转移成本过高、企业的市场垄断地位（使客户买不到其他产品或不方便购买其他产品）等与感情无关的因素。

二、客户忠诚的分类

通过客户忠诚的内涵可以将客户忠诚进行分类，主要有以下类别。

（一）垄断忠诚

垄断忠诚源于产品或服务的垄断。一些企业在行业中处于垄断地位，无论满意与否，客户别无选择，只能长期使用这些企业的产品或服务。垄断忠诚的客户的特点通常是低依恋、高重复购买。

（二）亲缘忠诚

企业自身的雇员甚至包括雇员的亲属义无反顾地使用该企业的产品或服务，这是一种很牢固的客户忠诚，但在很多情况下，这些客户对该产品或服务并非完全满意，甚至还会产生抱怨。这些客户选择该产品或服务，仅仅是因为他们属于这个企业，或是其亲属属于这个企业，这种忠诚称为“亲缘忠诚”。

（三）利益忠诚

利益忠诚来自企业给予客户的额外利益，如价格刺激、促销政策激励等。有些客户属于价格敏感型，较低的价格对其有很大的诱惑力，因此在同类产品中，他们对价格低的产品保持着一种相对的忠诚。这些低依恋、低重复购买的客户是不能发展为企业需要的忠诚客户的。例如，一些经常关注商场打折信息、不关注产品区别的客户总是购买某一时点最便宜的品牌。

（四）惯性忠诚

惯性忠诚是指客户出于方便的考虑或是因为惰性，长期地保持一种忠诚，这种情形在一些服务行业中尤为突出。例如，很多人会长期而固定地在某家超市购物，原因仅仅是这家超市离家近；一些采购人员会选择固定的供货商，原因是他们已经熟悉该供货商的订货程序等。惯性忠诚的特点是低依恋、高重复购买。

（五）信赖忠诚

客户对企业的产品或服务感到满意，并逐步建立一种信赖关系后，往往会形成一种忠诚，这种忠诚不同于前面的几种，它是高可靠度、高持久性的。这一类型的忠诚客户可以看成企业的追随者和义务推销员，他们不仅对企业的产品或服务情有独钟，还会主动将其满意感受告诉自己的亲朋好友，并向其推荐企业的产品或服务。这类客户才是企业最为宝贵的资源，这种客户忠诚才是企业最为渴求的忠诚。信赖忠诚的特点是对企业高依恋、高重复购买。事实上，客户关系管理所要研究并帮助企业最终获得的正是这种信赖忠诚。

（六）潜在忠诚

潜在忠诚是指客户虽然有但是还没有表现出来的忠诚。通常的情况是，客户可能很渴望继续购买企业的产品，或是享受企业的服务，但是企业的价格、适用性等因素限制了客户的这种需求。因此，对于这类客户，企业可以通过了解其特殊需要，对自己的产品或服务进行适当的调整，将这种潜在忠诚转变为其他类型的忠诚，尤其是信赖忠诚。

三、家政企业提高客户忠诚度的策略

家政企业提高客户忠诚度的策略如下：

（一）提供优质服务

1. 严格筛选和培训员工

确保家政员工具备专业技能和良好的服务态度，能够熟练完成各种家政任务，如清洁、烹饪、照顾老人或儿童等。定期进行培训，加强员工的服务意识，提升员工的应变能力。

2. 制定标准化服务流程

明确每个服务项目的具体步骤和标准，确保服务的一致性和稳定性。从客户预约到服务结束，每个环节都要有明确的规范，让客户每次都能得到高质量的服务体验。

（二）加强沟通与互动

1. 服务前的充分沟通

了解客户的具体需求和期望，制订个性化的服务方案。

2. 服务中的及时反馈

员工在服务过程中及时向客户汇报工作进展和遇到的问题。

3. 服务后的回访与关怀

定期回访客户，了解他们对服务的满意度，收集意见和建议，及时改进。同时，在节假日或客户生日等特殊日子送上真挚的祝福和关怀。

（三）迅速高效地解决问题

1. 建立投诉处理机制

当客户提出投诉时，应迅速响应并积极解决。明确处理投诉的流程和时间节点，确保问题得到及时解决。

2. 提供补偿措施

对于因服务失误给客户造成的损失，主动提供合理的补偿措施，如免费的额外服务或折扣优惠，以增强客户的信任感。

（四）增加服务附加值

1. 提供个性化服务建议

根据客户的家庭情况和生活习惯，为客户提供个性化的家居整理、保养等方面的建议。

2. 会员特权与优惠政策

为长期合作的客户提供会员特权，如优先服务、积分兑换、折扣优惠等，以增强客户的黏性，提高其忠诚度。

（五）打造良好品牌形象

1. 注重公司形象宣传

通过专业的网站、社交媒体等渠道展示公司的服务优势、成功案例和客户评价。

2. 树立诚信经营的理念

严格遵守合同约定，不随意更改服务内容和收费标准；对客户的个人信息和家庭情况严格保密，以赢得客户的信任。

综上所述，家政企业可以综合运用以上途径来提高客户的忠诚度。这些措施不仅有助于提升客户满意度，还能增强企业的市场竞争力，实现企业长期稳定的发展。

研讨题

1. 家政企业客户价值构成要素有哪些？
2. 家政企业客户关怀的重要性体现在哪些方面？
3. 如何预防家政企业的客户投诉？
4. 家政企业提高客户忠诚度的策略主要有哪些？

专创融合实训

1. 家政企业客户满意度调查表收集和创新设计（分组进行，每组 6～8 人）：

（1）收集某一家政企业客户满意度调查表。

（2）每组调研的家政企业不重复。

（3）运用本章理论对调研企业进行客户满意度调查表创新设计。

（4）聘请调研企业的客服部经理（总监）评价创新设计成果是否具有采用价值。

（5）本次活动成绩主要以上交的书面材料（调研企业原有的客户满意情况调查表、客户满意情况调查表创新设计、创新设计成果的应用价值等，相关资料装订成册）为依据来评定，教师和其他小组对材料内容的真实性进行监督和质询（家政企业客户满意度调查表设计创新对比表可参考表 7-1）。

表 7-1　家政企业客户满意度调查表设计创新对比表

组别：	联系方式：
家政企业名称	
原有客户满意度调查表	
经过创新设计的客户满意度调查表	
创新点 1	理由：
创新点 2	理由：
……	……

2. 设计本组创业项目的客户忠诚度提升计划。

模块八
家政企业人力资源管理

案例导入

“王府管家”以人为本的人力资源管理

相对于传统家政企业使服务人员缺乏归属感,“王府管家”将“以人为本”理念落到实处。“王府管家”自创立初始,就坚持将所有服务人员纳入员工制管理,与员工签署劳动合同、缴纳相关保险、提供相关福利。他们从学习培训到接受团队帮助、返校提升、参与团建,持续地感受到“王府管家”的用心,拥有了归属感、获得感、荣誉感,这些幸福感受将极大地利于员工工作的积极性、稳定性与服务水准的提升。

一、“王府管家”的工作分析与人力资源规划

“王府管家”的人力资源战略是:吸引高质量人才、提供高质量服务、创造高质量生活。

“王府管家”在广州、深圳多次举办30万元年薪诚聘管家的大型现场招聘活动,吸引了大量有识之士的关注与加盟,打破了大家对家政从业人员水准的传统印象。沿着“王府管家”的上升通道,成为首席大管家及创业合伙人,拥有百万元年薪也不是梦。

“王府管家”不仅直接从社会上吸纳高端服务业人才,同时极度重视校企合作,吸收全国家政院系毕业生,为其制定专项培养计划,尤其提供“一带一帮扶”计划,让实习生在公司实战中得到锻炼提升。郑州师范学院作为全国首批开设家政专业本科学历的代表院校,在2023—2024年度输送了超50名实习生来到“王府管家”培训实践。他们迅速成长,成为合格的管家,获得了加入“王府管家”平台的工作机会。他们以扎实的理论知识、优秀的综合素质、积极的精神面貌,结合实践经验,赢得了客户的青睐。这是有效保障“王府管家”队伍年轻化、专业化的人才战略。

二、“王府管家”员工培训开发

“王府管家”能成为行业标杆,不仅是基于创新的理念,也在于建设了高质量的培训基地。广东省管家培训学校的软硬件设施在全国首屈一指。培训学校有洗熨烫、烹饪、家用电器、育婴护理、红酒咖啡、茶艺、花艺等多功能教室。

培训学校还特别打造了高端家庭的真实场景,中餐厅与西餐厅及高端餐具、卧室床榻沙发、高端淋浴浴盆、大理石与红木家具、水晶灯等一应俱全。这让培训如实战演练,学员身临其境。

“王府管家”的师资力量雄厚,教师中既有欧洲知名庄园英式管家、妇产科及婴幼儿医学护理专家、儿童教育与心理学专家、专业营养师、礼仪导师、奢侈品鉴赏导师等诸多行业精英,还有来自高等院校的专家教授。“王府管家”在与以郑州师范学院为代表的多所院校的校企合作中,融实战于教学,不断优化教学体系,做到有的放矢。

“王府管家”的员工培训并非一蹴而就,而是强调持续培训。服务师上岗之后,会定期返回学校,就客户反馈意见进行有针对性的提升。

培训学校也从专为“王府管家”输送人才扩展到协助提升整体行业水准,通过丰富的线上线下课程面向更广大的家政从业人员。

三、“王府管家”绩效管理

“王府管家”不仅为服务人员提供了员工制的保障,给予的基础工资也高于行业平均水平,更结合充满竞争机制的绩效管理,让优秀者能脱颖而出,不断获得更高的报酬。

绩效指标来自公司内部的日常考核与跨季度周期以上的综合评定与各类奖项,以及客户的日常评价和特别表扬等。“王府管家”通常在年度绩效考核后调整服务人员的薪酬标准,特别突出者可提前调整。

四、“王府管家”的薪酬管理

“王府管家”的服务师、管家都有星级制度,不同星级界定了不同的工资与奖金等薪酬标准。服务师与管家的星级评定主要依据绩效考核的结果,也考量服务年限、学历与技能证书等综合因素。管家若上升到管理岗乃至合伙人,则会有相应的管理津贴或分红。

五、家政企业员工关系管理

“王府管家”不仅强调对客户真切关怀,也同等重视对员工以家人相待。先以高规格的培训令员工有技能在身;又以团队协作助力新员工顺利上岗,令其充满自信;再提供返校培训令其持续成长。在员工遇到工作与生活困难时,给予集体的温暖与帮助。员工们经常在公司的团建中欢聚一堂,互通有无、增进感情、交流进步。这弥补了传统家政企业员工单兵作战所缺失的大家庭感受。

“王府管家”的员工关系不仅温馨,而且持久。员工在“王府管家”相对透明的竞争机制下、良好的上升通道中,可以做好长远的职业规划。

项目一　人力资源管理概述

知识目标

1. 掌握人力资源管理的概念;
2. 了解人力资源管理的目标;
3. 掌握人力资源管理的特点;
4. 了解人力资源管理的主要内容。

扫码学习

能力目标

能够精准阐述人力资源管理的概念与内容,并将其应用于解读企业人力资源管理实践。

基础知识

一、人力资源管理的概念和内容

人力资源管理是指企业运用现代管理方法,对人力资源的获取(选人)、开发(育人)、保持(留人)和利用(用人)等方面进行计划、组织、指挥、控制和协调等一系列活动,最终达到实现企业发展目标的一种管理行为。人力资源管理,即企业的一系列人力资源政策以及相应的管理活动。人力资源管理活动主要包括:企业人力资源战略的制定,员工的招募与选拔,培训与开发,绩效管理,薪酬管理,员工流动管理,员工关系管理,员工安全与健康管理,等等。

二、人力资源管理的目标

人力资源管理的最终目标是促进企业目标的实现。根据迈克尔·阿姆斯特朗的理论，人力资源管理体系的目标主要体现在以下几个方面：

(1)企业的目标最终将通过其最有价值的资源——它的员工来实现。

(2)为提高员工个人和企业整体的业绩，人们应把促进企业的成功当作自己的义务。

(3)制定与企业业绩紧密相连，具有连贯性的人力资源方针和制度，是企业最有效利用资源和实现商业目标的必要前提。

(4)应努力寻求人力资源管理政策与商业目标之间的匹配和统一。

(5)当企业文化合理时，人力资源管理政策应起支持作用；当企业文化不合理时，人力资源管理政策应促使其改进。

(6)创造理想的企业环境，鼓励员工创造，培养积极向上的作风；人力资源政策应为合作、创新和全面质量管理的完善提供合适的环境。

(7)创造反应灵敏、适应性强的组织体系，从而帮助企业实现竞争环境下的具体目标。

(8)增强员工上班时间和工作内容的灵活性。

(9)提供相对完善的工作和组织条件，为员工充分发挥其潜力提供所需要的各种支持。

(10)维护和完善员工队伍以及产品和服务。

三、人力资源管理的特点

(一)人本特征

人力资源管理具有“人本取向”，始终贯彻员工是组织的宝贵财富的主题，强调对人的关心、爱护，把人真正作为资源加以保护、利用和开发。

(二)专业性与实践性

人力资源管理是组织的重要管理职能之一，具有较高的专业性。从小公司的“多面手”到大公司的人力资源专家及高层人力资源领导，人力资源管理都涉及细致的专业分工和深入的专业知识。人力资源管理是组织管理的基本实践活动，是旨在实现组织目标的主要活动，表现出高度的应用性。

(三)双赢性与互惠性

人力资源管理具有“互惠取向”，强调管理应该获取组织的绩效和员工的满意感与成长的双重结果；强调组织和员工之间的“共同利益”，并重视发掘员工更大的主动性和责任感。

(四)战略性与全面性

人力资源管理聚焦于组织管理中为组织创造财富、创造竞争优势的人员的管理上，即以员工为基础，以知识型员工为中心和导向，是在组织最高层进行的一种决策性、战略性管理。人力资源管理是对于全部人员的全面活动和招聘、任用、培训、发展的全过程的管理。只要有人参与的活动与地方，就要进行人力资源管理。

（五）理论基础的学科交叉性

人力资源管理重视跨学科的理论基础和指导，包括管理学、心理学、经济学、法学、社会学等多个学科。因此，现代人力资源管理对其从业人员的专业素质提出了更高的要求。

（六）系统性和整体性

人力资源管理具有"系统取向"，强调整体地对待人和组织，兼顾组织的技术系统和社会心理系统；强调运作的整体性。一方面，人力资源管理各项职能之间具有一致性；另一方面，人力资源管理战略要与组织中其他战略相配合，依靠和支持整个组织的战略和管理。

项目二　家政企业工作分析与人力资源规划

知识目标

1. 掌握工作分析的概念及重要性；
2. 了解工作分析的步骤；
3. 了解家政企业工作分析及职位说明书的基本内容；
4. 掌握人力资源规划的概念；
5. 了解人力资源规划的作用及主要流程；
6. 了解家政企业人力资源供给现状。

扫码学习

能力目标

1. 熟练运用工作分析的概念，清楚阐释其作用，独立完成主要流程的设计与实施；
2. 熟练运用人力资源规划的概念，清楚阐释其作用，独立完成主要流程的设计与实施。

基础知识

一、工作分析的概念以及内容

工作分析是指系统全面地确认工作整体，以便为管理活动提供各种有关工作方面的信息所进行的一系列的工作信息收集、分析和综合的过程。工作分析是人力资源管理工作的基础，其分析质量对其他人力资源管理模块具有举足轻重的影响。

通过对工作输入、工作转换过程、工作输出、工作的关联特征、工作资源、工作环境背景等的分析，形成工作分析的结果——职位说明书(也称“职务规范”)。

职位说明书的内容包括工作识别信息、工作概要、工作职责和责任，以及任职资格的标准信息，为其他人力资源管理职能的使用提供便利。

工作分析的内容包含三个部分：对工作内容及岗位需求的分析，对岗位、部门和组织结构的分析，对工作主体员工的分析。

二、工作分析的重要性

(一)工作分析对人力资源规划的作用

人力资源规划的核心工作是人力需求与供给的预测，在运用技能清单法、管理人员置换图、人力接续计划、马尔可夫矩阵法进行供给预测时，都离不开清晰的岗位层级关系和晋升、岗位转换关系，这些都是工作分析时所应该关注的。在进行需求预测时，除了需要对人力资源数量进行预测，还需要对其质量要求进行预测，任职资格条件就成了重要的参考。

(二)工作分析对人员招聘与录用的作用

工作分析的另一项必备内容是职位任职资格条件。这些条件既是职位评价的重要参考要素,又是出现职位人员空缺时设计招聘要求的基础。招聘广告中一般有空缺职位的学历、工作经验、专业技术水平、能力方向、人格特征等要求,而这些内容在工作分析后的任职资格条件项目中均可找到。

(三)工作分析对员工培训与职业生涯设计的作用

企业员工培训的一个重要特点是具有强烈的导向性,这个导向的重要依据之一就是工作分析所产生的职位说明书所规定的内容,尤其是职位职责的要求、考核指标要求、能力要求等内容。在新员工培训中,工作分析所产生的职位说明书甚至能成为其必修内容之一。另外在对员工进行职业生涯设计时,工作分析还可以提供职业发展的路径与具体要求。

(四)工作分析对绩效考核的作用

工作分析对绩效考核的作用主要体现在两个方面:一是工作分析所产生的职位说明书的必备项目中有"职位关键业绩指标"这一内容,这些指标指明了对该职位任职人员应从哪些角度进行考核,也指出了职位上人员的努力方向,而绩效考核方案的起点就是部门和职位考核指标的选择,广义的工作分析甚至可以提供部门的关键绩效指标;二是工作分析所产生的职位说明书如果包含了"沟通关系"这一项目,就可以清晰地指明绩效考核的主体与考核层级关系,因为沟通关系中明确了汇报、指导与监督关系。

(五)工作分析对薪酬设计与管理的作用

工作评价是合理制定薪酬标准的基础,正确的工作评价则要求深入地理解各种工作的要求,这样才能根据它们对组织的价值大小进行排序。工作分析通过了解各项工作的内容、工作所需要的技能、学历背景、工作的危险程度等因素确定工作相对于组织目标的价值,作为决定合理薪酬的依据。工作分析为薪酬管理提供相关的工作信息,通过工作差别确定薪酬差别,使薪酬结构与工作相挂钩,从而制定公平合理的薪资政策。

三、工作分析的步骤

工作分析是对工作做一个全面的评价过程,这个过程可以分为准备阶段、调查阶段、分析阶段和总结及完成阶段四个阶段。

(一)准备阶段

准备阶段的任务是了解有关情况,建立与各种信息渠道的联系,设计全盘的调查方案,确定调查的范围,对象与方法。具体工作如下:

(1)确定工作分析的意义、目的、方法与步骤。

(2)组成由工作分析专家、岗位在职人员、上级主管参加的工作小组,以精简、高效为原则。

(3)确定调查和分析对象的样本,同时考虑样本的代表性。

(4)根据工作分析的任务、程序,将工作分析分解成若干工作单元和环节,以便逐项完成。

(5)做好其他必要的准备工作。在进行工作分析之前,应由管理者向有关人员介绍并解释,使有关人员对分析人员消除不必要的误解和恐惧心理,帮助两者建立起相互信任的关系。

(二)调查阶段

调查阶段是工作分析的第二阶段,主要工作是对整个工作过程、工作环境、工作内容和工作人员等做一个全面的调查。具体工作如下:

(1)编制各种调查问卷和提纲。

(2)在调查中,灵活运用面谈法、问卷法、观察法、参与法、实验法、关键事件法等不同的调查方法。

(3)根据工作分析的目的,有针对性地搜集有关工作的特征及所需要的各种数据。

(4)重点收集工作人员必要的特征信息。

(5)要求被调查人员对各种工作特征和人员特征的问题发生频率和重要性作出等级评定。

(三)分析阶段

分析阶段是对调查阶段所获得的信息进行分类、分析、整理和综合的过程,也是整个分析活动的核心阶段。具体工作如下:

(1)整理分析资料。将有关工作性质与功能调查所得资料,进行加工整理分析,分门别类,编入职位说明书与工作规范的项目内。

(2)创造性地分析、揭示各职位的主要成分和关键因素。

(3)归纳、总结出工作分析的必需材料和要素等。

(四)总结及完成阶段

总结及完成阶段是工作分析的最后阶段。这一阶段的主要任务是:在深入分析和总结的基础上,编制职位说明书和工作规范。具体工作如下:

(1)将信息处理结果写成职位说明书,并对其内容进行检验。

(2)召开职位说明书和工作规范的检验会时,将职位说明书和工作规范初稿复印,分发给到会的每位人员。

(3)将草拟的"职位描述书"和"任职说明书"与实际工作对比,以决定是否需要进行再次调查。

(4)修正"职位描述书"和"任职说明书",对特别重要的岗位,还应按前面的要求再次进行修订。

(5)将“职位描述书”和“任职说明书”应用于实际工作中，并注意收集相关反馈信息，不断完善这两份文件。

(6)对工作分析工作进行总结评估，以文件形式将“职位说明书”确定下来并归档保存，为今后的工作分析提供经验与信息基础。

对工作职位说明书要定期进行评审，看看是否符合实际的工作变化，同时要让员工参与工作分析的整个过程，一起探讨每个阶段的结果，共同分析原因。当需要进行调整时，也要让员工加入调整工作。员工只有亲身体验这个过程，才能加强对工作分析的充分认识和认同，从而在实践中加以有效实施。

四、家政企业工作分析及职位说明书

家政企业的工作分析是对其各类职位及相关任务的系统性研究，目的是全面了解工作内容、职责和所需技能，以便进行有效的人力资源管理、招聘和培训。以下是家政企业工作分析及职位说明书的几个关键要素：

1. 职位描述

对每个职位进行详细描述，包括：

职位名称：明确职位的名称。

工作职责：列出该职位的主要工作内容和责任，如清理、护理、照顾儿童等。

工作环境：描述工作地点和工作条件，如家庭环境、社区服务等。

2. 所需技能与知识

技能要求：列出完成工作所需的基本技能，如清洁技能、烹饪技能、护理技能等。

知识背景：包括相关的知识，如家政服务标准、急救知识、营养学知识等。

3. 工作流程与服务标准

工作流程：详细描述完成各项任务的步骤，以确保服务质量和效率。例如，家庭清洁的步骤包括工具准备、区域划分、垃圾处理等。

服务标准：制定服务质量标准，如清洁标准、客户沟通方式等，确保提供一致和优质的服务。

4. 绩效评估指标

评估标准：制定用于评估员工工作表现的指标，如客户满意度、完成任务的及时性和效率等。

反馈机制：建立反馈机制，以便员工在工作中不断改进和提升。

5. 培训与发展需求

培训计划：根据工作分析结果，制订有针对性的培训计划，为员工提供必要的技能提升和知识培训。

职业发展路径:为员工设计职业发展的可能路径,提供继续教育和晋升机会,以增强员工的长期留任意愿。

6. 安全与健康规范

安全措施:明确工作中需要遵循的安全法规和健康规范,确保员工在服务过程中不受伤害。

职业健康:提供有关职业健康的教育,保护员工的身心健康。

7. 法律与合规性要求

劳动合同:确保所有工作岗位符合当地劳动法规定,尤其是关于工资、工作时间和休息时间的要求。

保险与福利:了解并遵循与家政服务相关的法律法规,保证员工的合法权益得到法律法规保护。

通过以上工作分析,家政企业能够更好地了解不同职位的需求与挑战,从而制定有效的人力资源管理策略,提升服务质量和员工满意度。这不仅有助于提高工作效率,也能增强企业在市场中的竞争力。

五、人力资源规划的概念及作用

(一)概念

狭义:企业从战略规划和发展目标出发,根据其内外部环境的变化,预测企业未来发展对人力资源的需求,以及为满足这种需要所需提供的人力资源的活动过程。

广义:企业所有各类人力资源规划的总称。

按期限分:长期规划(五年以上)、短期规划(一年及以内),以及介于两者之间的中期规划。

按内容分:战略发展规划、组织人事规划、制度建设规划、员工开发规划。

(二)作用

1. 保证组织目标的完成

人力资源规划是实现组织战略的基础规划之一。制订人力资源规划的一个主要目的是确保组织实现发展战略。目前,大多数组织为了生存、发展及保持竞争优势,制订了独特的战略。经营战略一旦确定,下一步就要有人执行和完成。人力资源规划的首要目的就是有系统、有组织地规划人员的数量与结构,并通过职位设计、人员补充、教育培训和人员配置等措施,保证选派最佳人选完成预定目标。

2. 适应环境变化的需要

人力资源规划有助于企业对市场经营环境、竞争、企业重组及新技术引进等作出相应的调整反应。现代企业处于多变的环境之中。一方面,内部环境发生变化,如管理哲学的变化、新技术的开发和利用、生产与营销方式的改变等,这些都将对组织人员的结构与数量等提出新的要求;另一方面,外部环境发生变化,如人口规模的变化、教育程度的提高、社会及经济的发展、法律法规的颁布等,这些会直接影响组织对人员的需求,影响员工的工作动机、工作热情及作业方式。人力资源规划的作用是让企业能更好地把握未来不确定的经营环境,适应内外环境的变化,及时调整人力资源的构成,保持竞争优势。

3. 提高使用人力资源管理效率

人力资源规划有助于组织降低人员的使用成本。它帮助管理人员预测人力资源的短缺和冗余,在人员管理成本增多前,纠正人员供需的不平衡状态,减少人力资源的浪费或弥补人力资源的不足。合理的人力资源规划能充分发挥人员的知识、能力和技术,为每个员工提供公平竞争的机会;能客观地评价员工的业绩,极大地提高劳动积极性。通过人力资源规划,向员工提供适合个人的职业生涯发展规划,提高员工生活质量,开发员工的潜在生产能力,最终提高组织对人力的使用效率。

六、人力资源规划的流程

企业必须根据企业的整体发展战略目标和任务来制定其本身的人力资源规划。一般来说,企业组织的人力资源规划的编制主要经过以下几个步骤。

1. 预测和规划本组织未来人力资源的供给状况

通过对本组织内部现有各种人力资源的认真测算,并对照本组织在某一时期内人员流动的情况,即可预测出本组织在未来某一时期里可能出现的各种人力资源状况。

(1)对本组织内现有的各种人力资源进行测算。其中包括:各种人员的年龄、性别,工作简历和教育、技能等方面的资料;目前本组织内各个工作岗位所需要的知识和技能以及各个时期中人员变动的情况;职工的潜力、个人发展目标以及工作兴趣爱好等方面的情况;有关职工技能(包括其技术、知识、受教育、经验、发明、创造以及发表的学术论文或所获专利等方面)的信息资料。

(2)分析组织内人力资源流动的情况。企业组织中现有职工的流动可能有这样几种情况:①滞留在原来的工作岗位上;②平行岗位的流动;③在组织内的升职或降职;④辞职或被开除(流出);⑤退休、工伤或病故。

2. 对人力资源的需求进行预测

经过第一步对本组织员工在未来某一时期内人力资源供给方面预测规划的基础上,第二步要根据组织的战略目标来预测本组织在未来某一时期对各种人力资源的需求,对人力资源需求的预测和规划可以根据时间的跨度而相应地采用不同的预测方法。

3. 进行人力资源供需方面的分析比较

人力资源规划编制的第三步是把本组织人力资源需求的预测数与在同期内组织本身仍可供给的人力资源数进行对比分析，从比较分析中可以测算出对各类人员的所需数。在进行本企业组织在未来某一时期内可提供的人员和相应所需人员的对比分析时，不但可以测算出某一时期内人员的短缺或过剩情况，还可以具体地了解到某一具体岗位上员工余缺的情况，从而可以测出需要具有哪一方面的知识、技术档次方面的人。这样就可以有针对性地进行人员物色或培训，并为组织制定有关人力资源的政策和措施提供了依据。

4. 制定有关人力资源供需方面的政策和措施

在经过人力资源供给测算和需求预测比较的基础上，组织即应制定相应的政策和措施，并将有关的政策和措施呈交最高管理层审批。

(1)制定解决人力资源需求的政策与措施

解决人员短缺的政策和措施有：培训本组织职工，对受过培训的员工据情况择优提升补缺并相应提高其工资等待遇；进行平行性岗位调动，适当进行岗位培训；延长员工工作时间或增加工作负荷量，给予超时超工作负荷的奖励；重新设计工作以提高员工的工作效率；雇用全日制临时工或非全日制临时工；改进技术或进行超前生产；制定招聘政策，向组织外进行招聘；采用正确的政策和措施调动现有员工的积极性。

(2)制定解决内部资源过剩的办法与措施

解决人力资源过剩的一般策略有：永久性地裁减或辞退职工；关闭一些不盈利的分厂或车间，或临时性关闭；进行提前退休；通过人力消耗缩减人员(劳动力转移)；重新培训，调往新的岗位，或适当储备一些人员；减少工作时间(随之减少相应工资)；由两个或两个以上人员分担一个工作岗位，并相应地减少工资。

七、家政企业人力资源供给现状

家政服务业目前面临着供不应求的情况，实际需求超过供给。

家政服务业是促进消费、稳定就业、惠及民生的重要领域，对于千家万户的幸福生活有着重要意义。家政服务行业的特点是供不应求，老年人照护是家政服务的一个重要工作领域。尽管政府和本行业采取了一系列措施来促进家政服务业的提质扩容，包括出台税费优惠、培训补贴、创业扶持、金融支持等，但仍然面对从业人员数量不足的问题。

此外，家政服务市场对从业人员的技能和资质有一定要求，相对年轻、有技能、有专业资质的家政从业人员更受市场欢迎。然而，家政专业面对生源之困，在扩大招生规模和提升职业认可度方面仍有挑战。

为了解决人力资源供给不足的问题，家政企业正在转向“员工制”模式，这种模式下，家政企业从传统的介绍人转变为管理者，家政服务人员成为公司的员工，从而提供更稳定的就业和更好的职业前景。这种转变有助于优化商业保险制度、健全职工权益和激励机制，从而吸引更多人才加入家政服务行业。

八、家政企业人力资源需求现状

家政企业人力资源需求现状表现为家政服务人员需求量大，但同时面对从业人员素质参差不齐和职业培训不足的问题。

随着经济社会的发展，家政服务种类和内容日益丰富和精细化，家政服务行业迎来了快速发展的机遇期。然而，当前国内家政服务业主要以中介制为主，企业管理不够规范，员工权益保障尚不完备，加之家政从业者素质参差不齐，限制了家政行业的发展。2023 年 12 月，为了推动家政行业高质量发展，国家发展改革委等六部门印发《关于支持和引导家政服务业员工制转型发展的指导意见》，明确把员工制企业转型作为家政行业未来发展的重要方向。

尽管家政服务行业需求量大，但职业培训不足是影响家政服务有效供给的重要原因之一。目前，家政职业技能培训供给总量偏少，能够提供专业化培训的企业不多，很多从业者从未接受过系统职业培训，难以满足消费者日渐多元化的需求。

综上所述，家政企业面临着巨大的人力资源缺口，但同时需要解决从业人员素质参差不齐和职业培训不足的问题，以适应行业的高质量发展需求。

项目三　家政企业员工培训开发

知识目标

1. 掌握员工培训开发的概念；
2. 了解员工培训开发的作用；
3. 掌握员工培训开发的种类；
4. 了解员工培训开发的主要流程。

扫码学习

能力目标

能够透彻理解员工培训开发的概念，明确其作用，有效组织并推进培训开发主要流程。

基础知识

一、员工培训开发的概念及作用

（一）员工培训开发的概念

培训开发是指组织通过学习、训导的手段提高员工的工作能力、知识水平和潜能发挥，最大限度地使员工的个人素质与工作需求相匹配，进而促进员工现在和将来的工作绩效的提高。严格地讲，培训开发是一个系统化的行为改变过程，这个行为改变过程的最终目的就是通过工作能力、知识水平的提高，以及个人潜能的发挥，员工可以明显地表现出工作上的绩效提高。

培训与开发是在组织或个人的职业需求基础上产生的，用一个简单的公式可以帮助我们更深刻地理解培训与开发的内涵：

培训与开发的需求＝规范化的或需要达到的工作绩效（现在的或将来的）－实际的工作绩效（现在的或过去的）

（二）员工培训开发的作用

企业之所以越来越重视培训开发工作，是因为它具有非常重要的作用和意义，这主要表现在以下几个方面：

1.培训开发有助于改善企业的绩效

企业绩效的实现是以员工个人绩效的实现为前提和基础的。有效的培训开发工作能够帮助员工提高他们的知识、技能，改变他们的态度，增进他们对企业战略、经营目标、规章制度以及工作标准等的理解，从而有助于改善他们的工作业绩，进而改善企业的绩效。这可以说是培训开发最为重要的意义。尤其是在员工个人的工作绩效低于需要达到的水平时，这种意义就更加突出。

2. 培训开发有助于增进企业的竞争优势

构筑自己的竞争优势，这是任何企业在激烈的竞争中谋求生存和发展的关键。当今，随着知识经济的迅猛发展和科学技术的突飞猛进，企业的经营环境日益复杂多变。通过培训开发，企业一方面可以使员工及时掌握新的知识、新的技术；另一方面也可以营造出鼓励学习的良好氛围，这些都有助于提高员工的学习能力，增进企业的竞争优势。

3. 培训开发有助于提高员工对企业的认同感和归属感

员工对企业产生强烈的认同感和归属感意识后，其能力和潜能容易得到充分的发挥，进而表现为工作绩效的提高。培训可以使企业中具有不同价值观、信念、工作作风的员工和谐地统一起来，为共同的目标而各尽其力。一个团队或一个组织克服内外困难的力量就来自它自身，即来自它的精神力量，来自它的信念。对员工的培训，主要就是培育员工对组织的认同感与归属感，开发员工的智力和技能潜力，使组织从被培训的员工中获得一种精神的发展动力，一种文化力。

4. 培训开发有助于培育企业文化

学者们的研究表明，良好的企业文化对员工具有强大的凝聚、规范、导向和激励作用，这些对于企业来说有着非常重要的意义。因此，很多企业在重视规章制度建设的同时越来越重视企业文化的建设。作为企业成员共有的一种价值观念和道德准则，企业文化必须得到全体员工的认可，这就需要企业不断地向员工进行宣传教育，培训开发就是一种非常有效的手段。

二、员工培训开发的种类

在实践中，培训开发具有各种不同的形式，学会辨别将有助于我们加深对培训开发的理解。按照不同的标准，可以将培训开发划分为不同的类型。

1. 按照培训对象分类

按照培训对象的不同，可以将培训开发划分为新员工培训和在职员工培训两大类。新员工培训指对刚刚进入企业的员工进行培训，在职员工培训指对已经在企业工作的员工进行培训。由于培训的对象不同，这两类培训之间存在着比较大的差别，新员工培训相对来说比较简单，因此通常所讲的培训开发是针对后者而言的。

2. 按照员工所处的层次分类

按照员工所处的层次不同，在职员工培训又可以继续划分为基层员工培训、中层员工培训和高层员工培训三类。由于这三类员工在企业中所处的位置不同，承担的职责不同，发挥的作用也不同，对他们的培训开发要区别对待，应当侧重不同的内容，采取不同的方法。

3. 按照培训形式分类

按照培训形式的不同，可以将培训开发划分为在职培训(on-the-job training，ONJT)和脱产培训(off-the-job training，OFFJT)两大类。在职培训是指员工不离开工作岗位，在实际工作过程中接受培训；脱产培训则是指员工离开工作岗位，专门接受培训。这两种培训形式各有利弊，企业在实施过程中需要根据实际情况来选择恰当的形式。

4. 按照培训性质分类

按照培训性质的不同，可以将培训开发划分为传授性的培训和改变性的培训。传授性的培训是指帮助员工掌握自己本来不具备的能力的培训，如员工本来不知道如何操作机床，通过培训，他们就能进行操作。改变性的培训则是指那些改变员工本来已具备的能力的培训，如员工知道如何操作机床，但是操作的方法有误，通过培训，他们就可以掌握正确操作的方法。

5. 按照培训内容分类

按照培训内容的不同，可以将培训开发划分为知识性培训、技能性培训和态度性培训三大类。知识性培训是指以业务知识为主要内容的培训，技能性培训是指以工作技术和工作能力为主要内容的培训，态度性培训则是指以工作态度为主要内容的培训。这三类培训对员工个人和企业绩效的改善都具有非常重要的作用，因此在培训中都应当给予足够重视。

此外，按照其他的标准，培训开发还可以划分为其他不同的类型。需要再次强调指出，对培训开发类型的划分的意义并不完全在于这些类型本身，而在于对培训开发的深入理解。

三、员工培训开发的流程

现在国内外的培训开发的学者们都认为培训可分为四个步骤进行。这四个步骤是：培训需求评估、培训规划制定、培训的实施、培训效果评估。

(一)培训需求的评估

培训需求评估是指在规划与设计每项培训活动之前，由培训部门、主管人员、工作人员等采取各种方法和技术，对各种组织及其成员的目标、知识、技能等方面进行系统的鉴别与分析，以确定是否需要培训及哪些方面列入培训内容的一种活动或过程。培训需求信息的收集多采用问卷调查、个人面谈、团体面谈、重点团队分析、观察法、工作任务调查法。

(二)培训规划的制定

培训规划是指对企业组织内培训的战略规划。企业培训规划必须密切结合企业的生产和经营战略，从企业的人力资源规划和开发战略出发，满足企业资源条件与员工素质基础，考虑人才培养的超前性和培训效果的不确定性，确定职工培训的目标，选择培训内容、培训方式。

(三)培训的实施

制定好培训规划后,接下来的工作就是计划的实施。要做好这项工作,需注意以下几点:①领导重视;②要让员工认同培训;③做好外送培训的组织工作;④培训经费上的大力支持;⑤制定奖惩措施。关于培训的实施,国内外的研究学者关注得比较多的是采取什么样的培训方式进行培训,他们认为多样化的培训方式将比传统的讲授式培训达到更好的效果。

(四)培训效果的评估

最后一个环节是培训效果的评估,主要内容有:研究培训方案是否达到了培训的目标,评价培训方案是否有价值,判断培训工作给企业带来的全部效益(经济效益和社会效益),培训的重点是否和培训的需要相一致。科学的培训效果评估对分析企业培训需求、了解培训投资效果、界定培训对企业的贡献,非常重要。目前用得最广泛的培训效果评估方法是柯克帕特里克的培训效果评估体系。成本-收益分析也是一个比较受推崇的方法,这种方法可将培训的效果量化,让企业可以直观地感受到培训的作用。

四、家政服务企业管理人员培训方案示例

下面是一份家政服务企业管理人员培训方案示例:

为了提升家政服务企业的管理水平和提供更优质的服务,我们特别制订了管理人员培训方案,旨在通过培训提高管理人员的专业素养,使他们能够更好地应对多样化的工作需求,提升服务质量和客户满意度。

(一)服务理念和标准

我们的服务理念是“专业、高效、贴心、安全”。管理人员需要深入理解和传达这一理念,确保每位员工能真正贯彻执行。同时,明确服务标准,确保公司提供的服务始终符合客户的期望和需求。

(二)沟通和协调能力

管理人员需要具备良好的沟通和协调能力,能够与客户、员工、供应商等各方进行有效的沟通,保持良好的合作关系。培训内容包括有效沟通技巧、解决问题的能力以及协调管理的策略。

(三)员工培训和激励

管理人员需要定期进行员工培训,提高员工的专业技能和服务水平。同时,需要制定激励机制,激发员工的工作积极性和创造力。培训内容包括招聘和培训方法、激励机制的制定

和执行等。

（四）质量管理和客户满意度

管理人员需要具备质量管理的基本知识和技能，确保所提供的服务质量始终如一。同时，需要关注客户的满意度，及时处理客户的投诉和反馈，提升客户满意度。培训内容包括质量管理体系的建立和维护、客户关系管理等。

（五）安全管理和风险控制

管理人员需要了解安全管理的重要性，制定并执行安全管理制度，确保员工和客户的安全。同时，需要具备风险控制的能力，预防潜在的风险。培训内容包括安全意识培养、应急预案制定和执行等。

（六）团队建设和领导力

管理人员需要懂得团队建设和领导力的重要，通过有效的团队管理和领导能力提升团队的凝聚力和执行力。培训内容包括团队建设方法、有效的领导技巧等。

通过开展以上培训内容，我们相信管理人员能够提高管理水平，为家政服务企业的发展作出更大的贡献，同时能提供更优质的家政服务，满足客户的需求和期望。

五、家政服务培训建设方案示例

家政服务是指为家庭提供生活、保洁、护理、育儿等方面的专业服务的行业。随着社会经济的发展和人们生活水平的提高，家政服务行业呈现出快速发展的趋势。为了提高家政服务行业从业人员的素质和技能水平，提供更加专业、高效、优质的家政服务，需要进行系统的培训建设。

下面是一份家政服务培训建设方案示例：

（一）培训目标

(1)提高家政从业人员的服务意识和服务态度，以客户满意度为导向，提供优质的家政服务。

(2)提升家政从业人员的专业技能水平，包括保洁、烹饪、育儿、护理等方面的技能。

(3)培养家政从业人员的团队合作意识和沟通能力，使其在工作中能够与客户及其他团队成员良好合作，提供协同的服务。

(4)建立家政服务行业的职业标准和行业规范，提升整个行业的形象和服务水平。

（二）培训内容

(1)服务意识和服务态度培训：培养家政从业人员的服务意识，加强顾客导向的思维，提升服务态度和专业形象。

(2)专业知识和技能培训:进行保洁技能、烹饪技能、育儿技能、护理技能等方面的培训,提升家政从业人员的专业水平。

(3)沟通与协作培训:培养家政从业人员的信息沟通能力和团队合作意识,提高与客户和团队成员的沟通效果。

(4)专业道德和职业道德培训:强调家政从业人员的职业道德和职业操守,建立良好的职业形象和职业素养。

(5)安全管理和应急处理培训:加强家政从业人员的安全意识和应急处理能力,及时处理突发事件,防止事故的发生。

(三)培训形式

1. 理论培训

通过课堂教学、演讲、案例分析等方式,向家政从业人员传授专业知识和技能。可以邀请专业的家政从业人员、行业专家和相关机构的代表进行讲解和培训。

2. 实践培训

通过实地实训、情景模拟等方式,让家政从业人员亲身体验并应用所学知识和技能,提高实际操作能力。

3. 培训考核

制定相应的培训考核标准和考试内容,对培训学员进行考核,评估培训效果。

(四)培训机构和师资队伍

1. 培训机构

可以与相关行业协会、社区组织、教育机构等合作,分享资源,互相支持,提供更加全面、专业的培训服务。

2. 师资队伍

可以建立家政服务的专业师资队伍。专业师资队伍包括具有丰富从业经验和专业知识的家政从业人员、行业专家和相关领域的教育专家等。

(五)培训评估和反馈

1. 培训评估

培训评估是对培训过程进行评估,包括学员的满意度、学习效果等方面的评估,以持续改进培训内容和形式。

2. 培训反馈

培训反馈是对培训结果和效果进行反馈，包括学员的学习成果、工作表现等方面的评价和奖惩措施。

(六)培训成果的应用和推广

1. 培训成果的应用

培训成果的应用是将培训成果应用到实际工作中，提供高质量的家政服务，满足客户需求。

2. 培训成果的推广

培训成果的推广是通过宣传、媒体报道、示范工程等方式，推广培训成果，开展家政服务行业的品牌宣传和技能推广。

(七)培训后续跟踪与指导

建立培训后续跟踪和指导机制，对培训学员进行跟踪和指导，帮助其在工作中不断提升自身能力，解决工作中的问题和困难。参考以上的培训建设方案，可以提高家政服务行业从业人员的服务素质和技能水平，为客户提供更加专业、高效、优质的家政服务。同时，通过不断完善培训内容和形式，建立家政服务行业的职业标准和行业规范，可以提升整个行业的形象和服务水平。

项目四 家政企业绩效管理

知识目标

1. 掌握企业绩效管理的概念；
2. 了解企业绩效管理的作用；
3. 了解企业绩效管理的主要流程；
4. 了解家政企业绩效管理的内容。

扫码学习

能力目标

能准确把握企业绩效管理的概念，深入分析其作用，规范执行绩效管理主要流程。

基础知识

一、绩效管理的概念

绩效是指对应职位的工作职责所达到的阶段性结果及其过程中可评价的行为表现。

绩效管理是指管理者与员工之间在就目标与如何实现目标上达成共识的基础上，通过激励和帮助员工取得优异绩效来实现组织目标的管理方法。绩效管理的目的在于通过激发员工的工作热情和提高员工的能力和素质，达到改善公司绩效的效果。

二、绩效管理的作用

（一）绩效管理得好有利于实现企业经营目标

绩效管理的目标是根据企业的发展战略来制定的，通过将企业的战略目标层层分解变为部门和员工的目标，在此基础上确定部门和个人的绩效目标，通过绩效评价，对员工的工作结果进行反馈，及时发现工作中存在的问题并进行修正，提升员工的业绩，实现企业的战略目标，企业发展可以进入良性循环。

（二）满足员工的需求

员工的需求有不同的层次。当员工基本的需求被满足后，尊重和自我实现的需求所表现出来的就是员工希望知道自己的绩效水平到底如何，以便为了今后的发展而明确努力的方向。如果没有考核或考核不准确，员工就会处于盲目状态，失去努力的目标和方向。

（三）解决管理中存在的问题

员工绩效水平的高低与其自身的素质和努力程度有关，更与企业管理制度、管理理念和企业文化、管理风格有关。通过绩效评价和反馈，企业可以看到管理中存在的问题并能及时解决，顺利地向前发展。

（四）配合人力资源管理体系的运行

企业发展战略和企业文化是进行绩效管理的依据。绩效管理是为了实现企业发展的战略目标。通过工作分析，明确岗位职责，是制定绩效考核指标体系的关键环节。培训是提高员工工作绩效的主要手段和方法。绩效考核结果与薪酬体系相衔接，才能真正对员工起到激励作用。

三、绩效管理流程

（一）制订绩效计划

绩效计划是绩效管理的基础，旨在明确员工的工作目标、评估标准及所需资源，确保个人与组织目标一致。制订绩效计划的核心是要明确组织战略与部门目标，设定员工个人绩效目标，制定评估标准与权重，分配资源与支持双向沟通与计划确认。

（二）绩效执行

绩效执行是绩效管理循环中的核心环节，执行结果的好坏直接决定目标能否转化为实际成果。它要求管理者与员工保持高频互动，通过过程监控、资源协调和动态调整，确保绩效计划高效推进。绩效执行的核心是通过过程监控确保目标不偏离，解决执行障碍资源协调，应对变化与风险的动态调整。

（三）绩效评估

绩效评估是绩效管理循环中的关键环节，通过系统化评价员工的工作成果、行为表现和能力发展，为薪酬调整、晋升决策和员工发展提供依据。绩效评估的核心是：数据收集与准备，评估方法选择，评估实施与评分。

（四）绩效反馈与应用

1. 绩效结果的反馈

绩效结果的反馈主要通过绩效面谈进行。

管理者职责：肯定成绩（如“你超额完成季度目标，客户续约率提升 20%”）；指出不足（如“跨部门协作中沟通效率需提升”）；制订改进计划（如“参加沟通技巧培训，每月与协作部门召开一次例会”）。

员工职责：提出资源需求（如“需要市场部提供客户画像数据”）；确认改进方向（如“未来 3 个月重点提升客户拜访转化率”）。

2. 绩效结果的应用

绩效结果的应用主要有：薪酬调整（如绩效优秀者调薪10%）；晋升与淘汰（如连续两年待改进者调岗或解聘）；培训与发展（如为沟通能力不足者安排角色扮演培训）。

四、家政企业绩效管理

家政企业绩效管理是提升服务质量和企业竞争力的关键，其核心是构建科学、公正的绩效管理体系，以激励员工提高工作效率和客户满意度。

绩效管理在家政企业中涉及多个方面：

1. 绩效目标设定

绩效目标需明确、具体，与员工岗位职责和企业战略目标紧密相连。

家政企业绩效目标的设定需紧密围绕公司总体战略，遵循明确、具体、可衡量的原则。在设定目标时，应将公司战略目标层层分解，落实到各级员工，确保员工目标与公司战略目标的一致性。同时，设定绩效目标应关注员工的工作业绩和态度，如保姆岗位的KPI（关键绩效指标）考核可包括工作能力和工作态度，其中工作能力和工作态度的比例可根据实际情况设定为7∶3。此外，设定绩效目标还应考虑客户满意度等外部评价指标，以全面反映员工的工作表现。最终，通过员工绩效的完成推动公司总体战略目标的实现。

2. 绩效考评方法

绩效考评应公开、公平、公正。结合员工实际工作表现，可采用定量和定性相结合的方式进行评价。

家政企业绩效考评方法主要包括以下几个方面：

（1）绩效计划的制订：由上级评估者和被评估者共同沟通确定，确保双方对绩效目标有清晰的认识。

（2）绩效回顾与辅导：上级评估者对被评估者的工作进展和个人绩效目标完成情况进行指导，帮助被评估者改进和提升。

（3）绩效评估与反馈：在考核期末，由上级评估者对被评估者的个人绩效目标进行评价打分，并将评估结果告知被评估者，共同确定下一阶段的绩效目标。

（4）绩效结果应用：考评结果与员工的薪酬、晋升、培训和发展机会等挂钩，形成有效的激励机制。

3. 绩效结果应用

绩效结果与员工薪酬、晋升、培训和发展机会等挂钩，形成有效的激励机制。

家政企业绩效结果的应用主要体现在以下几个方面：

（1）绩效奖金发放：根据员工的绩效考核结果，发放相应的绩效奖金，以激励员工继续努力，提升企业整体绩效。

(2)员工发展与培训:针对绩效不佳的员工,进行分析和研究,找出原因,制订并实施绩效改进计划,同时提供必要的培训,帮助员工提升能力。

(3)薪酬调整:绩效考评结果作为薪酬调整的依据,优秀员工的薪酬会得到相应提升,以体现公平与激励。

(4)人事调整:根据绩效考评结果,对员工的职位进行调整,确保员工能力与岗位匹配,优化人力资源配置。

综上所述,家政企业应注重绩效管理的系统性和实效性,不断优化绩效管理体系,以促进企业的可持续发展。

项目五　家政企业薪酬管理

知识目标

1. 掌握企业薪酬管理的概念；
2. 了解企业薪酬管理的特殊性；
3. 掌握薪酬的构成；
4. 了解薪酬管理的地位及作用；
5. 了解家政企业的薪酬管理制度。

扫码学习

能力目标

能够深入解读企业薪酬管理的概念，说明其作用，依据薪酬制度为家政企业设计薪酬方案。

基础知识

一、薪酬管理的概念及特殊性

（一）概念

薪酬管理，是指企业针对所有员工所提供的服务来确定他们应当得到的报酬总额以及报酬结构和报酬形式的一个过程。在这个过程中，企业就薪酬水平、薪酬体系、薪酬结构、薪酬构成以及特殊员工群体的薪酬作出决策。作为一种持续的组织过程，企业还要持续不断地制订薪酬计划，拟订薪酬预算，就薪酬管理问题与员工进行沟通，同时对薪酬系统的有效性作出评价，而后不断予以完善。

（二）特殊性

薪酬管理比起人力资源管理中的其他工作而言，有一定的特殊性，具体表现在以下三个方面：

1. 敏感性

薪酬管理是人力资源管理中最敏感的部分，因为它涉及公司每位员工的切身利益。特别是在人们的生存质量还不是很高的情况下，薪酬直接影响他们的生活水平。另外，薪酬是员工在公司工作能力和水平的直接体现，员工往往通过薪酬水平来衡量自己在公司中的地位。所以，薪酬问题对每一位员工来说都很敏感。

2. 特权性

薪酬管理是员工参与最少的人力资源管理项目，它几乎是企业管理者的一个特权。企业管理者通常认为，员工参与薪酬管理会使公司管理中的矛盾增加，并影响投资者的利益。所以，员工对于公司薪酬管理的过程几乎一无所知。

3. 差异性

敏感性和特权性的存在让每个公司的薪酬管理差别会很大。另外，因为薪酬管理本身就有很多不同的管理类型，如岗位工资型、技能工资型、资历工资型、绩效工资型等，所以不同公司之间的薪酬管理差异性较大，几乎没有参考性。

二、薪酬的构成

（一）基本工资

基本工资是组织为已完成工作而支付的基本现金薪酬。它反映的是工作或技能价值，而往往忽视了员工之间的个体差异。对基本工资的调整可能基于以下事实：整个生活水平发生变化或通货膨胀；其他员工对同类工作的薪酬有所改变；员工的经验进一步丰富；员工个人业绩、技能有所提高。

（二）绩效工资

绩效工资是对过去工作行为和已取得成就的认可。作为基本工资的补充，绩效工资往往随员工业绩的变化而调整。

（三）激励工资

激励工资也和业绩直接挂钩。有时，人们把激励工资看成可变工资，包括短期激励工资和长期激励工资。短期激励工资通常采用非常特殊的绩效标准。

（四）福利

福利包括休假（假期）、服务（如医药咨询、员工餐厅等）和保障（医疗保险、工伤保险和养老保险等）。福利逐渐成为薪酬的一种重要形式。

（五）非货币的收益

构成总薪酬的除了以上四种形式之外，非货币的收益也影响人们的行为。非货币的收益包括：赞扬与地位、雇佣安全、挑战性的工作和学习的机会。其他相关的形式可能包括：成功地接受新挑战，和有才华的同事一起工作时的自我满足感。它们是“总薪酬体系”的一部分，并经常和薪酬相提并论。薪酬可以分为经济性薪酬和非经济性薪酬两大类。

三、薪酬管理的地位与作用

薪酬管理是人力资源管理作业活动的重要组成部分，其作用不仅体现在人力资源管理内部，对整体组织管理也具有重要意义，尤其体现在薪酬水平上。

（一）薪酬管理对整体组织管理的作用

1. 薪酬管理是管理者人本管理思想的重要体现

薪酬是劳动者提供劳动的回报，是对劳动者各种劳动消耗的补偿，因此薪酬水平既是对劳动者劳动力价值的肯定，也直接影响着劳动者的生活水平。以人为本的管理思想就是要尊重人力资本所有者的需要，解除其后顾之忧。很难想象，一个组织提倡以人为本，其薪酬制度却不能保证员工基本生活水平。在我国物质生活水平日益提高的今天，管理者不仅要保证其员工的基本生活水平，更要适应社会和个人的全方位发展，为员工提供更全面的生活保障，建立起适应国民经济发展水平的薪酬制度。

2. 薪酬战略是组织的基本战略之一

一个组织有许多子战略，如市场战略、技术战略、人才战略等。其中，薪酬战略是人才战略的重要组成部分，因而也是一个组织的基本战略之一。

3. 薪酬管理影响着组织的盈利能力

薪酬对于劳动者来说是报酬，对于组织来讲也意味着成本。虽然现代的人力资源管理理念不能简单地以成本角度来看待薪酬，但保持先进的劳动生产率，有效地控制人工成本，发挥既定薪酬的最大作用，对增加组织利润、增强组织盈利能力进而提高竞争力无疑具有直接作用。

（二）薪酬管理与其他人力资源管理环节的关系

受现代人力资源管理的整体性特征影响，薪酬管理与其他人力资源管理环节同样具有密切的联系，它们的主要关系如下：

1. 薪酬管理与工作分析的关系

工作分析是薪酬设计的基础，尤其对于岗位工资制来说，更是建立内部公平薪酬体系的必要前提。工作分析所形成的职位说明书是进行工作评价确定薪酬等级的依据，工作评价信息大都来自职位说明书的内容。即使在新的技能工资体系中，工作分析仍然具有重要的意义，因为评价员工所具备的技能，仍然要以他们从事的工作为基础来进行。

2. 薪酬管理与人力资源规划的关系

薪酬管理与人力资源规划的关系主要体现在人力资源供需平衡方面。薪酬政策的变动是改变内部人力资源供给的重要手段。例如，提高加班工资可以促使员工延长加班时间，从而增加人力资源供给量，当然这需要对正常工作时间加以严格控制。

3. 薪酬管理与招聘录用的关系

薪酬管理对招聘录用工作有着重要的影响。薪酬是员工选择工作时考虑的重要因素之一，较高的薪酬水平有利于吸引大量应聘者，从而提高招聘的效果。此外，招聘录用也会对薪酬管理产生影响，录用人员的数量和结构是决定组织薪酬总额的主要因素。

4. 薪酬管理与绩效管理的关系

薪酬管理和绩效管理是一种互动的关系。一方面，绩效管理是薪酬管理的基础之一，激励薪酬的实施需要对员工的绩效作出准确的评价；另一方面，针对员工的绩效表现及时给予不同的激励薪酬，也有助于增强激励的效果，确保绩效管理的约束性。

5. 薪酬管理与员工关系管理的关系

在组织的劳动关系中，薪酬是最主要的问题，劳动争议也往往是由薪酬问题引起的。因此，有效的薪酬管理能够减少劳动纠纷，建立和谐的劳动关系。此外，薪酬管理也有助于塑造良好的组织文化，维护稳定的劳动关系。

四、家政企业薪酬管理制度

家政服务行业作为服务业的重要组成部分，为社会提供了各种家政服务。薪酬管理制度是重要的管理工具之一。有效的薪酬管理制度可以调动员工的工作积极性，增强员工的忠诚度，提高家政服务企业的工作效率和竞争力。下面将从家政企业薪酬管理制度的定义、目的和原则、设计与实施等方面进行深入分析和探讨。

（一）家政企业薪酬管理制度的定义

家政企业薪酬管理制度是指家政服务企业根据市场需求和企业经营情况，制定相关的薪酬政策和管理措施，以达到有效激励员工、提高工作绩效的目的。家政企业薪酬管理制度通常包括薪酬政策、绩效考核、薪酬结构等方面的内容。

（二）家政企业薪酬管理制度的目的和原则

1. 家政企业薪酬管理制度的目的

家政企业薪酬管理制度的目的主要是调动员工的工作积极性，提高员工的工作满意度，增强员工的忠诚度，从而提高家政服务企业的工作效率和竞争力。

2. 家政企业薪酬管理制度的原则

家政企业薪酬管理制度应当遵循公平、公正、竞争力、可持续性等原则。薪酬应当以员工的工作绩效和市场需求为基础，确保薪酬的公平性和合理性。

（三）家政企业薪酬管理制度的设计与实施

1. 薪酬政策的设计

家政企业薪酬管理制度的设计应当考虑市场需求、企业经营状况、员工的工作绩效等因素。薪酬政策应当明确薪酬水平、激励措施、福利待遇等内容，确保薪酬的公正和合理性。

2. 绩效考核机制

家政企业薪酬管理制度应当建立科学合理的绩效考核机制，为员工提供明确的工作目标和考核标准，通过定期评估和奖惩机制，激励员工提高工作绩效。

3. 薪酬结构的设计

家政企业薪酬管理制度应当设计合理的薪酬结构（包括基本工资、绩效奖金、福利待遇等），确保薪酬的可持续性和激励效果。

4. 实施与监督

家政企业薪酬管理制度的实施需要得到家政企业的高层领导的支持和监督。员工需要得到相关的培训和指导，家政企业需确保薪酬政策的贯彻执行。

（四）家政企业薪酬管理制度的评价与改进

1. 家政企业薪酬管理制度的评价方法

家政企业薪酬管理制度的评价应当包括薪酬公平性、员工满意度、企业绩效等方面。通过员工调研、绩效考核、薪酬调查等方法，企业可以了解员工对薪酬制度的评价和反馈。

2. 家政企业薪酬管理制度的改进措施

家政企业薪酬管理制度的改进措施应当根据评价结果来制定，包括调整薪酬政策、优化绩效考核机制、提高员工福利待遇等方面的内容，确保薪酬制度的有效性和公正性。

总之，家政企业薪酬管理制度是家政企业管理的重要组成部分，有效的薪酬管理制度可以激励员工的工作积极性，增强员工的工作满意度，提高企业的竞争力。因此，家政企业需要重视薪酬管理制度的设计与实施，不断完善和改进薪酬政策，为员工提供良好的工作环境和发展机会。

项目六 家政企业员工关系管理

知识目标

1. 掌握员工关系管理的概念；
2. 了解员工关系管理的内容；
3. 了解员工关系管理的重要性及目标；
4. 了解家政企业员工关系的类别及管理内容。

扫码学习

能力目标

能够清楚解读员工关系管理的概念，阐述其作用，妥善处理家政企业各类员工关系。

基础知识

一、员工关系管理的概念及其内容

从广义上讲，员工关系管理是在企业人力资源体系中，各级管理人员和人力资源职能管理人员，通过拟订和实施各项人力资源政策和管理行为，以及其他的管理沟通手段，调节企业与员工、员工与员工之间的相互联系和影响，从而实现组织的目标，并确保为员工、为社会增值。从狭义上讲，员工关系管理就是企业和员工的沟通管理，这种沟通更多采用柔性的、激励性的、非强制的手段，从而提高员工满意度，支持组织其他管理目标的实现。员工关系管理的主要职责是：协调员工与公司、员工与员工之间的关系，引导建立积极向上的工作环境。

从广义的概念上看，员工关系管理的内容涉及企业整个企业文化和人力资源管理体系的构建。它包括企业愿景和企业价值观确立，内部沟通渠道的建设和应用，组织的设计和调整，人力资源政策的制定和实施，等等。所有涉及企业与员工、员工与员工之间的联系和影响的方面，都是员工关系管理体系的内容。

从管理职责来看，员工关系管理主要有几个方面：

1. 劳动关系管理

劳动关系管理的内容主要有：劳动争议处理，员工上岗、离岗面谈及手续办理，员工申诉、人事纠纷和意外事件处理。

2. 员工纪律管理

员工纪律管理主要是引导员工遵守公司的各项规章制度、劳动纪律，提高员工的组织纪律性，在某种程度上对员工行为规范起约束作用。

3. 员工人际关系管理

员工人际关系管理主要是引导员工建立良好的工作关系，创建有利于员工建立正式人际关系的工作环境。

4. 沟通管理

沟通管理主要是保证沟通渠道的畅通，引导公司上下及时进行双向沟通，完善员工建议制度。

5. 员工绩效管理

员工绩效管理主要是制定科学的考评标准和体系，执行合理的考评程序。考评工作既能真实反映员工的工作成绩，又能促进员工工作积极性的发挥。

6. 员工情况管理

员工情况管理的内容主要有：组织员工心态、满意度调查，谣言、怠工的预防、检测及处理，解决员工关心的问题。

7. 企业文化建设

企业文化建设主要是建设积极有效、健康向上的企业文化，引导员工树立正确的价值观，维护公司的良好形象。

8. 服务与支持

服务与支持主要是为员工提供有关国家法律法规、公司政策、个人身心等方面的咨询服务，协助员工平衡工作与生活。

9. 员工关系管理培训

员工关系管理培训主要是组织员工进行人际交往、沟通技巧等方面的培训。

二、员工关系管理的重要性及目标

（一）员工关系管理的重要性

1. 员工关系协调是实现企业目标的前提

员工关系在公共关系中占有极其重要的地位。企业内部的一切公关工作都从员工关系开始，因为员工是企业的主体。企业目标的实现，绝非某个人的事情，而要靠全体成员齐心协力共同完成。通常，一个企业的员工团结一致，互相配合，其工作成效就明显，各项任务就完成得比较好；反之，员工关系处理得不好，企业内部就会矛盾重重，步调不一，各项工作就难以完成，企业目标也就难以实现。

2. 员工关系协调是塑造企业形象的基础

在很多情况下，外界公众是通过接触企业内部的员工来了解企业的，员工的待人接物、言行举止，乃至气质、风度，都直接或间接地传播企业信息。另外，企业的员工最了解本企业产品质量和服务方式，他们不一定是推销员、服务员，但他们可以通过亲朋好友将本企业的产品、服务方式和服务质量的信息扩散给外部公众，这样会增强宣传的可信度，企业就更容易为外界所接受。企业的员工是产品的消费者和服务方式的选择者，如果他们能率先购买本企业的产品，选择本企业的服务，这种现身说法的渗透和宣传往往比一般广告更能影响消费公众。

3. 员工关系协调是企业成功的根本条件

员工关系对于企业有着举足轻重的地位，员工关系协调是企业获得成功的根本条件之一。员工关系协调，必然在企业中产生巨大的内聚力。关系融洽，员工就会心情舒畅、团结一致、齐心协力地发挥巨大的潜能，创造企业的业绩和财富。

员工是企业赖以生存和发展的细胞，与企业的目标和利益最为密切。企业的一切目标、利益、计划、政策、措施和活动都要通过员工的行为来实现和推进。所以，员工又是企业最宝贵的财富。显而易见，企业与员工之间是唇齿相依、血肉相连的关系。企业要将员工关系作为最重要的第一关系来对待。只有员工关系协调，员工才能发挥其作为企业细胞的内在动力和潜能。

（二）员工关系管理的主要目标

1. 协调和改善企业内部人际关系

企业的总目标能否实现，关键在于企业与个人目标是否一致，企业内部各类员工的人际关系是否融洽。员工关系管理就是要畅通企业内部信息交流渠道，消除误会和隔阂，联络感情，在企业内部形成相互交流、相互配合、相互支持、相互协作的人际关系，而这种人际关系一旦形成，标志着营造了一种良好的企业氛围，成为提高工作效率、推动企业发展的强大动力。

2. 树立员工的团体价值

企业的价值观念是企业内部绝大多数人认同并持有的共同信念和判断是非的标准，是调整企业员工行为和人际关系的持久动力，它是企业精神的一种表现。员工的团体价值是决定企业兴衰成败的根本问题，对于塑造企业形象和企业生存发展有着重要的作用。企业的价值观念是经过长期的培养逐步形成的。通过员工关系管理，逐步地精心培育全体员工认同的价值观念，从而影响企业的经营决策、领导风格及全体员工的工作态度和作风，引导全体员工把个人的目标和理想凝聚在同一目标和信念上，形成一股强大的凝聚力。

3. 增强企业对员工的凝聚力

通过员工关系管理，每个员工都能发自内心地把自己真正归属于企业。他们会为企业的荣誉和利益着想，把自己的命运和企业的兴衰联系在一起，为自己是该企业的一员而自豪，使企业内部上下左右各方面“心往一处想，劲往一处使”，成为一个协调和谐、配合默契、具有强大凝聚力的集体。这是企业内部员工关系管理的又一重要目标。

三、家政企业员工关系的类别

家政企业员工关系主要分为两种情况：

1. 中介制下与企业不存在劳动关系

当家政公司仅作为中介，介绍家政人员到雇主处工作，不对其进行任何形式的管理。家政人员的薪酬由雇主直接支付时，家政公司与家政人员之间不存在劳动关系。这种情况下，家政人员与雇主之间形成的是劳务关系。

2. 员工制下与企业存在劳动关系

当家政公司与家政人员签订劳动合同，派遣其到雇主家服务，并由家政公司支付工资和缴纳社会保险时，家政人员与家政公司之间存在明确的劳动关系。这种情况下，家政人员是家政公司的正式员工，受劳动法律法规的保护。

四、家政企业员工关系管理

家政企业员工关系管理涉及多个方面，主要包括以下几点：

1. 明确法律关系

根据家政企业的运营模式（中介制、会员制、员工制），明确家政企业与家政服务人员之间的法律关系，确保双方权益。

2. 建立互信与尊重

家政服务人员应以专业态度和敬业精神对待工作，尊重雇主及其家庭成员，建立互信关系。

3. 优化管理模式

明确晋升考核机制，为员工做好职业规划，提供培训、考核和定级，确定工资标准，增强员工的归属感和职业认同感。

4. 建立反馈机制

通过客户评价、员工互评等方式，对服务质量进行反馈与把控，维护客户关系，利于公司口碑的打造。

研讨题

1. 以家政企业的某一岗位为例，说明如何进行有效的工作分析并编写职位说明书。

2. 家政企业薪酬管理的特殊性体现在哪些方面？

3. 家政企业员工关系管理的重要性体现在哪些方面？

专创融合实训

1. 某家政企业薪酬体系调研和创新设计（分组进行，每组 6～8 人）：

（1）选择某一家政企业对其薪酬体系进行调研。

（2）每组调研的家政企业不重复。

（3）运用本章理论对调研企业进行薪酬体系创新设计。

（4）聘请调研企业的 HR 经理（总监）评价创新设计成果是否具有采用价值。

（5）本次活动成绩主要以上交的书面材料（调研企业原有的薪酬体系、经过创新设计的薪酬体系、创新设计成果的应用价值等，装订成册）为依据来评定，教师和其他小组对材料内容的真实性进行监督和质询（家政企业薪酬体系创新设计对比表可参考表 8-1）。

表 8-1　家政企业薪酬体系创新设计对比表

组别：	联系方式：
家政企业名称	
原有薪酬体系	
经过创新设计的薪酬体系	
创新点 1	理由：
创新点 2	理由：
……	……

2. 假设你负责家政企业的员工培训开发工作，如何制订一套有效的培训计划？

模块九

家政企业文化建设

案例导入

轻喜到家企业文化建设

一、企业愿景与使命

轻喜到家的愿景是“做最值得信任的公司”，这体现了轻喜到家对于诚信、品质和专业服务的执着追求。

轻喜到家的使命是“让生活更有品质”，这彰显了轻喜到家致力于通过高品质的家政服务，提升客户的生活品质。

二、核心价值观

轻喜到家的核心价值观是“以客户为中心，以服务为本”。这一价值观贯穿于轻喜到家的所有业务和服务中，确保了始终将客户的需求和满意度放在首位，通过提供优质的服务来赢得客户的信任和忠诚。

三、标准化与专业化建设

1. 标准化建设

服务标准化：轻喜到家构建了“全屋 10 区，106 个家务细项，260 个服务标准”的精细化管理模式，为家政行业服务标准化建设提供了一个可借鉴的范例。通过总结一线服务经验，轻喜到家将无形的服务有形化、可视化，并输出服务标准，推动了家政行业的标准化升级。

培训标准化：轻喜到家注重员工的标准化培训，确保每位服务人员都能掌握统一的服务技能和服务标准。通过建立轻喜职业培训学校，轻喜到家开展了场景化教学模式，为社会输送了大批具备专业技能的家政人才。

产品标准化：轻喜到家提供了一系列标准化的家政服务产品，满足了不同家庭的需求。这些标准化的服务产品不仅提高了服务效率，还确保了服务质量的稳定性和可靠性。

2. 专业化建设

员工专业化：轻喜到家采用员工制直营模式，会对每位入职的服务人员进行严格的身份背景调查和专业培训，从而为客户提供更加专业、可靠的服务。通过提供专业化的岗位名称和明确的晋升通道，轻喜到家激励员工不断提升自己的专业素养和服务技能。

服务专业化：轻喜到家根据客户需求，将到家服务内容划分为以人为主和以物为主的服务，并提供了有针对性的专业化服务方案。例如，在母婴护理领域，轻喜到家提供了包括月子护理、婴儿抚触、早教等在内的全方位服务，满足了新手父母的需求。

技术专业化：轻喜到家注重技术创新和数字化转型，通过自研 Aide 3.0 信息管理系统等智能化手段，提高了服务效率和客户满意度。该系统不仅支持一键下单、一秒预约等便捷操作，还通过大数据和机器学习算法尽量为用户提供最优服务。轻喜到家制定了严格的服务标准和操作规范，确保每项服务都能达到高品质的要求。

四、数字化与创新精神

1. 数字化建设

自研信息管理系统：轻喜到家独立开发了具有自主知识产权的 Aide 3.0 信息管理系统，这一系统涵盖了劳动者身份认证、供需匹配、面试、保险、售后管理等在内的家庭服务数字化基础设施。通过这一系统,轻喜到家实现了服务的智能化和便捷化,提高了服务效率和质量。

大数据与智能化应用:轻喜到家利用大数据和人工智能技术,对用户行为进行深入分析,建立用户标签系统,进行精准营销推介。同时,通过智能化的服务追踪系统,轻喜到家实现了全流程无忧保障,让用户享受到更加便捷、高效的服务体验。

数字化运营与服务:轻喜到家通过数字化运营,建立了从公域到私域的流量承接体系,为用户建立永久的服务日志。轻喜到家还构建了高效稳定的售后服务体系,通过智能化的手段解决了用户的后顾之忧。

2.创新精神

业务模式创新:轻喜到家摒弃了传统的家政中介模式,采用了"互联网+自营家政"的新模式。这一模式不仅提高了服务的标准化和安全性,还有效消除了信息不对称带来的信任障碍。

服务标准创新:轻喜到家制定的精细化管理体系将原本模糊的服务标准变得清晰、透明。这一创新不仅提升了服务质量,还为行业标准化建设提供了有力支持。

职业教育创新:轻喜到家创建了轻喜职业培训学校,注重"实用性"和综合素质的提升,独创场景化教学模式,打造专业化服务培训体系。这一创新举措不仅提高了服务人员的专业素养和服务技能,还为行业输送了大批高素质的家政人才。

五、社会责任与公益精神

轻喜到家积极履行社会责任,关注社会公益事业。企业不仅通过提供高品质的家政服务来提升客户的生活品质,还积极参与社会公益活动,为社会做出积极贡献。这种社会责任和公益精神不仅提升了企业的社会形象,也增强了员工的归属感和使命感。轻喜到家携手深圳市妇女儿童发展基金会共同启动了"轻喜家政人阳光基金"。该基金的成立旨在搭建一个温暖而坚实的平台,让社会各界更多地关注和支持家政服务从业者及其家庭,推动家政行业从业人员享有平等的生存、教育机会和发展空间,改善从业环境,提供职业保障。

六、员工关怀与团队建设

1.员工关怀

妇联成立与女性员工关爱:2023 年 6 月 27 日,深圳轻喜到家科技有限公司妇女联合会正式成立。该组织打造了一个集执委工作室、巾帼书吧、心理咨询、纠纷调处等功能于一体的妇女之家,并常态化开展各类活动,如心理健康知识讲座、心理咨询、礼仪培训以及压花、插花、手工艺品制作等。通过提供培训机会帮助女性员工提升职业技能和素养,增强职业竞争力,并鼓励她们参与企业管理和决策。

员工关怀专员:轻喜到家设有员工关怀专员岗位。员工关怀专员主要负责:全国服务人员员工关怀,及时答疑解惑;服务人员离职访谈及挽留,降低流失率;100%触达服务人员,添加企业微信,进行管理;等等。

2.团队建设

校企合作与人才培养:轻喜到家重视人才培养,与多所高校开展合作,通过产教融合模式,培养高素质的家政人才队伍,激发行业发展活力。轻喜到家创办了轻喜职业培训学校,学校布局全国,拥有深圳总校基地以及上海分校、广州分校、北京分校三大分校,同时在全国多个城市设有分公司分校以及合作教育联盟。

直营员工管理体系：轻喜到家采用直营员工管理体系，构建了“单多多平台—轻喜职业培训学校—轻喜到家平台”的到家服务全产业链生态，推动行业职业化。通过直营员工管理体系，轻喜到家实现了先培训再上岗，打通了企业与学校的培训机制，开展了多维度的“回炉”培训。

轻喜到家还获批开展企业自主等级认定评价工作，完成多类职业工种题库开发，成为广东省产教评技能生态链链主培育单位及社会培训评价组织。

项目一 企业文化的基本内涵

知识目标

1. 了解企业文化的提出过程；
2. 了解企业文化的构成要素；
3. 掌握企业文化的概念。

能力目标

能够识别不同企业文化案例中的要素构成，并准确阐释企业文化的概念。

基础知识

一、企业文化的提出与构成要素

20 世纪 80 年代初，美国学者特伦斯·迪尔和麦肯锡咨询公司的顾问艾伦·肯尼迪在长期的企业管理研究中积累了丰富的资料。他们在 6 个月的时间里，集中对 80 家企业进行了详尽的调查，写成了《企业文化：企业生活中的礼仪与仪式》一书。该书用丰富的例证指出，杰出而成功的企业都有强有力的企业文化，员工都要共同遵守，但往往是自然约定俗成的而非书面的行为规范；并有各种各样用来宣传、强化这些价值观念的仪式和习俗。正是企业文化这一非技术、非经济的因素，影响了企业决策的产生、企业中的人事任免，甚至员工们的行为举止、衣着爱好、生活习惯等。在两个其他条件都相差无几的企业中，由于其企业文化的强弱差异，企业文化对企业发展所产生的后果就完全不同。

迪尔和肯尼迪把企业文化整个理论系统概述为 5 个要素，即企业环境、价值观、英雄人物、文化仪式和文化网络。

(1)企业环境是指企业的性质、企业的经营方向、外部环境、企业的社会形象、与外界的联系等方面。它往往决定企业的行为。

(2)价值观是指企业内成员对某个事件或某种行为好与坏、善与恶、正确与错误、是否值得仿效的一致认识。价值观是企业文化的核心，统一的价值观使企业内成员在判断自己行为时具有统一的标准，并以此来选择自己的行为。

(3)英雄人物是指企业文化的核心人物或企业文化的人格化，其作用在于作为一种活的样板，给企业中其他员工提供可供仿效的榜样，对企业文化的形成和强化起着极为重要的作用。

（4）文化仪式是指企业内的各种表彰、奖励活动、聚会以及文娱活动等。它可以把企业中发生的某些事情戏剧化和形象化，来生动地宣传和体现企业的价值观，人们通过这些生动活泼的活动来领会企业文化的内涵，企业文化起到"寓教于乐"的作用。

（5）文化网络是指非正式的信息传递渠道，主要是传播文化信息。它由某种非正式的组织和人群，以及某一特定场合所组成，所传递的信息往往能反映职工的愿望和心态。

二、企业文化的概念

扫码学习

企业文化是一个组织中由其价值观、信念、仪式、符号、处事方式等组成的其特有的文化形象。

从广义上说，文化是人类社会历史实践过程中所创造的物质财富与精神财富的总和；从狭义上说，文化是社会的意识形态以及与之相适应的组织机构与制度。

企业文化是企业在生产经营实践中逐步形成的，为全体员工所认同并遵守的、带有本组织特点的使命、愿景、宗旨、精神、价值观和经营理念，以及这些理念在生产经营实践、管理制度、员工行为方式与企业对外形象方面的体现的总和。它与文教、科研、军事等组织的文化性质不同。

企业文化是企业的灵魂，是推动企业发展的不竭动力。它包含非常丰富的内容，其核心是企业的精神和价值观。这里的价值观不是泛指企业管理中的各种文化现象，而是企业或企业中的员工在从事生产与经营中持有的价值观念。

关于企业文化的概念，有许多不同的认识和表达。

美国学者约翰·科特和詹姆斯·赫斯克特从企业组织行为学角度出发，认为企业文化是企业各部门，尤其是高层管理者共有的价值观念和经营实践。这一理念强调，企业文化并非孤立存在，而是贯穿于企业战略规划、组织架构搭建，以及日常运营的每一个环节。

特伦斯·迪尔和艾伦·肯尼迪基于组织文化要素分析，指出企业文化包含价值观、英雄人物、习俗仪式、文化网络和企业环境。以阿里巴巴为例，"客户第一、团队合作、拥抱变化、诚信、激情、敬业"的价值观是其企业文化的核心。马云作为阿里巴巴的主要创始人，凭借其卓越的商业洞察力和领导能力，成为企业内部的精神领袖。每年的"阿里日"，阿里巴巴通过举办丰富多彩的活动，如员工表彰大会、团队拓展活动等，增强员工的归属感与凝聚力。

威廉·大内从企业管理风格与行为模式的关系出发，提出企业文化涵盖"进取、守势、灵活性"，这三个维度共同决定着企业成员的行为模式。在通信行业，华为公司堪称典范。华为持续加大研发投入，每年将相当比例的营收投入到5G、芯片研发等前沿领域，彰显其进取精神；面对外部技术封锁等压力，华为通过优化内部管理流程，推行集成产品开发（IPD）、集成供应链（ISC）等管理变革，提升运营效率，展现出强大的守势能力；同时，华为能够根据不同国家和地区的市场需求，迅速调整产品策略和市场布局，在全球通信市场中赢得了竞争优势。

企业文化作为现代企业管理的重要理论，对企业的长远发展具有不可忽视的作用。企业若想在激烈的市场竞争中实现可持续发展，就必须重视企业文化建设。海底捞秉持"服务至上”的理念，建立了完善的员工培训体系，从服务技巧、沟通能力到团队协作等方面对员工进行全方位培训，提升员工服务水平。凭借优质的服务体验，海底捞收获了良好的口碑，吸引了大量忠实顾客，进而获得显著的经济效益，在餐饮行业树立了独特的品牌形象。

企业文化从内涵上可分为广义和狭义两个层面。广义上，企业文化是企业在长期发展过程中创造的物质文化与精神文化总和。以可口可乐为例，其标志性的红色包装，不仅具有极高的视觉辨识度，还传递出热情、活力的品牌形象；独特的饮料配方，历经百年传承，是可口可乐的核心竞争力之一；通过广告宣传、品牌活动等方式传递的快乐分享的品牌理念，更是深入人心。狭义的企业文化则聚焦于企业的经营宗旨、价值观念和道德行为准则的综合体。同仁堂传承数百年的“炮制虽繁必不敢省人工，品味虽贵必不敢减物力”理念，体现了对品质的坚守和对诚信经营的执着追求，成为其企业文化的核心。

企业文化作为社会文化体系中不可或缺的有机组成部分，深刻地反映了民族文化与现代意识在企业内部的交融与碰撞。民族文化源远流长，承载着一个国家或民族的历史、价值观与传统习俗，而现代意识则是在全球化、科技进步和社会变革的背景下产生的创新思维、开放理念和社会责任意识等。当这两者在企业内部相遇，便催生出独具特色的企业文化。

从某种程度上来说，企业文化是企业内群体对外界普遍的认知和态度的集中体现。这种认知和态度涵盖了企业对市场趋势的判断、对竞争对手的看法、对消费者需求的理解，以及对社会责任的担当等多个方面。

项目二 企业文化的层次、内容和功能

知识目标

1. 掌握企业文化的层次；
2. 了解企业文化的内容；
3. 了解企业文化的功能。

扫码学习

能力目标

能够清楚地划分企业文化的层次，详细阐述其内容与功能，并据此分析实际企业案例。

基础知识

一、企业文化的层次

企业文化主要由三个层次组成：

第一个层次是企业理念。它是企业文化最核心的层面，企业理念也可以称为企业发展的定位和未来的愿景。

第二个层次是企业的核心价值观。它是指明确的做事原则，也就是企业对待员工、对待客户、对待工作的准则。其中，包含企业规定的员工价值取向和做事情的行为态度等内容。

第三个层次是企业的形象与标识。它主要包括企业对外的形象，员工工作时着装、用语等一系列行为形象的规范。

二、企业文化的内容

根据企业文化的定义，其内容是十分广泛的，但其中最主要的应包括如下几点：

1. 经营哲学

经营哲学也称"企业哲学"，是企业特有的从事生产经营和管理活动的方法论原则，它是指导企业行为的基础。企业在激烈的市场竞争环境中面对各种矛盾和选择，这要求企业有一个科学的方法论来指导，有一套逻辑思维的程序来决定自己的行为，它就是经营哲学。

2. 价值观念

价值观念是人们基于某种功利性或道义性的追求而对人们（个人、组织）本身的存在、行为和行为结果进行评价的基本观点。可以说，人生就是为了价值的追求，价值观念决定着人生追求行为。价值观不是人们在一时一事上的体现，而是在长期实践活动中形成的关于价值的观念体系。

企业的价值观，是指企业员工对企业存在的意义、经营目的、经营宗旨的价值评价和为之追求的整体化、差异化的群体意识，是企业全体员工共同的价值准则。只有在共同的价值准则基础上才能产生企业正确的价值目标。有了正确的价值目标才会有奋力追求价值目标的行为，企业才有希望。因此，企业价值观决定着员工行为的取向，关系企业的生死存亡。只顾企业自身经济效益的价值观，会偏离社会主义方向，不仅会损害国家和人民的利益，还会影响企业形象；只顾眼前利益的价值观，会使企业员工急功近利，搞短期行为，使企业失去后劲，导致其灭亡。

3. 企业精神

企业精神，是指企业基于自身特定的性质、任务、宗旨、时代要求和发展方向，并经过精心培养而形成的企业成员群体的精神风貌。

企业精神要通过企业全体员工有意识地在实践活动中体现，它又是企业员工观念意识和进取心理的外化。

企业精神是企业文化的核心，在整个企业文化中起着支配的地位。企业精神以价值观念为基础，以价值目标为动力，对企业经营哲学、管理制度、道德风尚、团体意识和企业形象起着决定性的作用。可以说，企业精神是企业的灵魂。

企业精神通常用一些既富于哲理，又简洁明快的语言予以表达，便于员工铭记在心，时刻用于激励自己；也便于对外宣传，容易在人们脑海里形成印象，从而使企业在社会上形成个性鲜明的企业形象。

4. 企业道德

企业道德是指调整本企业与其他企业之间、企业与客户之间、企业内部员工之间关系的行为规范的总和。它是从伦理关系的角度，以善与恶、公与私、荣与辱、诚实与虚伪等道德范畴为标准来评价和规范企业。

企业道德与法律规范和制度规范不同，不具有强制性和约束力，但具有积极的示范效应和强烈的感染力，当它被人们认可和接受后具有自我约束的力量。因此，它具有更广泛的适应性，是约束企业和员工行为的重要手段。

5. 团体意识

团体即组织，团体意识是指组织成员的集体观念。团体意识是企业内部凝聚力形成的重要心理因素。企业团体意识的形成使企业的员工把自己的工作和行为都看成实现企业目标的一个组成部分，使他们对自己作为企业的成员而感到自豪，对企业的成就产生荣誉感，从而把企业看成自己利益的共同体和归属。如此，他们就会为实现企业的目标而努力奋斗，自觉地克服与实现企业目标不一致的行为。

6. 企业形象

企业形象是企业通过外部特征和经营实力表现出来的，被消费者所认同的企业总体印象。由外部特征表现出来的企业形象称为“表层形象”，它们给人以直观的感觉，容易让人形成印象;通过经营实力表现出来的企业形象称为“深层形象”,它是企业内部要素的集中体现,如人员素质、生产经营能力、管理水平、资本实力、产品质量等。表层形象以深层形象为基础,没有深层形象这个基础,表层形象就是虚假的,也不能长久地保持。流通企业由于主要是经营商品和提供服务,与客户接触较多,所以对其而言,表层形象显得格外重要,但这绝不是说深层形象可以放在次要的位置。

7. 企业制度

企业制度是在生产经营实践活动中形成的、对人的行为带有强制性,并能保障一定权利的各种规定。从企业文化的层次结构看,企业制度属中间层次,它是精神文化的表现形式,是物质文化实现的保证。企业制度作为职工行为规范的模式,使个人的活动得以合理进行,内外人际关系得以协调,员工的共同利益受到保护,从而使企业有序地组织起来为实现企业目标而努力。

三、企业文化的功能

研究企业文化,其目的是让企业文化为企业的生存与发展发挥作用。那么,企业文化到底有哪些功能呢?

(一)导向功能

导向功能,就是通过企业文化对企业的领导者和员工起引导作用。企业文化的导向功能主要体现在以下两个方面:

(1)经营哲学和价值观念的指导。经营哲学决定了企业经营的思维方式和处理问题的法则,这些方式和法则可以指导领导者进行正确的决策,指导员工采用科学的方法从事生产经营活动。企业共同的价值观念规定了企业的价值取向,使员工对事物的评判形成共识,有着共同的价值目标,企业的领导者和员工为了他们所认定的价值目标去行动。

(2)企业目标的指引。企业目标代表着企业发展的方向,没有正确的目标就等于迷失了方向。完美的企业文化会从实际出发,以科学的态度去制定企业的发展目标,这种目标一定具有可行性和科学性。企业员工就是在这一目标的指导下从事生产经营活动的。

(二)约束功能

企业文化的约束功能主要通过完善规章制度和道德规范来实现。

1. 规章制度的约束

企业规章制度是企业文化的内容之一。企业规章制度是企业内部的法规,具有一定的约束力,企业的领导者和员工必须遵守和执行。

2. 道德规范的约束

道德规范是从伦理关系的角度来约束企业领导者和员工的行为。如果人们违背了道德规范的要求，就会受到舆论的谴责，心理上会感到内疚。例如，同仁堂药店"济世养生、精益求精、童叟无欺、一视同仁"的道德规范约束着全体员工必须严格按工艺规程操作，严格质量管理，严格执行纪律。

（三）凝聚功能

企业文化以人为本，尊重人的感情，能在企业中营造一种团结友爱、相互信任的和睦气氛，强化团体意识，使企业员工之间形成强大的凝聚力和向心力。共同的价值观念能促进共同的目标和理想的形成，员工把企业看成一个命运共同体，把本职工作看成实现共同目标的重要组成部分，整个企业步调一致，形成统一的整体。

（四）激励功能

共同的价值观念使员工能感到自己存在的价值。自我价值的实现是人的最高精神需求的一种满足，这种满足必将形成强大的激励。在以人为本的企业文化氛围中，领导与员工、员工与员工之间互相关心，互相支持。特别是领导对员工的关心，会使员工感到受人尊重，自然会振奋精神，努力工作。另外，企业精神和企业形象对企业员工有着极大的鼓舞作用，特别是企业文化建设取得成功，在社会上产生影响时，企业员工会产生强烈的荣誉感和自豪感，他们会加倍努力，用自己的实际行动去维护企业的荣誉和形象。

（五）调适功能

调适就是调整和适应。企业各部门之间、员工之间，由于各种原因难免会产生一些矛盾，解决这些矛盾需要各自进行自我调节；企业与环境、与客户、与企业、与国家、与社会之间都会存在不协调、不适应之处，这也需要进行调整和适应。企业哲学和企业道德规范使经营者和普通员工能科学地处理这些矛盾，自觉地约束自己。完美的企业形象就是进行这些调节的结果。调适功能实际也是企业能动作用的一种表现。

（六）辐射功能

文化力不只是在企业内部起作用，也能通过各种渠道对社会产生影响。文化力辐射的渠道很多，主要包括传播媒体、公共关系活动等。

项目三　家政企业文化建设概述

知识目标

1. 了解家政企业建设企业文化的重要性；
2. 了解家政企业文化内容设计；
3. 了解家政企业文化中的员工规范内容。

能力目标

能够说明企业文化的重要性；依据基本设计原则，为家政企业提出初步的企业文化内容设计建议。

基础知识

服务行业的企业文化，就是以服务为导向、以客户为中心的服务文化。它是服务行业的企业在对顾客服务的过程中所形成的服务理念、职业观念等服务价值取向的总和，包括服务标准、服务理念、服务宗旨和服务效果等方面。“服务文化不仅是一种经济文化、管理文化、组织文化，更是一种关系文化。”家政企业作为朝阳服务产业，已初具规模，众多家政公司和劳务中介公司如雨后春笋般出现于各个城市，有些甚至已形成品牌，服务范围日益扩大，内部分工更加精细，服务内容开始分级。随着经济社会的发展、人民物质生活水平和精神生活质量的提高，人们对家政服务的要求也日益规范化、专业化、系统化，而家政企业文化对于家政企业的规范化、职业化建设有着十分重要的意义。

一、家政企业建设企业文化的重要性

家政企业文化是家政企业在长期的经营活动中所形成的共同价值观念、行为准则、道德规范。建设家政企业文化是提高家政企业员工素质，实现家政企业职业化的迫切需要。

企业文化本身就具有规范作用，当企业文化上升到一定高度的时候，这种规范就产生无形的约束力。它可让员工明白自己的行为中有哪些不该做、不能做，这正是企业文化所发挥的“软”约束作用。通过这些“软”约束，企业可以提高员工的自觉性、积极性、主动性和自我约束力，员工可以明确工作意义和工作方法，加快家政企业职业化发展的进程。好的家政企业文化具有竞争力，可以带动企业健康发展。员工的积极性被调动起来，他们工作起来就更有热情，生产效率和企业效益随之提高。企业文化的建设对企业的好处不言而喻，家政企业的竞争力不仅表现在服务质量上，还体现在企业文化上。

二、家政企业文化内容设计

扫码学习

(一)精神层面

精神层面的家政企业文化内容设计就是要明确家政企业的文化风格、企业使命、企业愿景、核心价值观等。

1. 文化风格

企业文化风格表现为企业经营管理的风格和领导风格。家政企业独特的文化风格为“准确、快速、严谨和相互尊重”。

准确:在家政服务中,准确体现在对客户需求的精准把握上。每个家庭的情况有所不同,对家政服务的要求也千差万别。家政人员需要在与客户沟通的过程中,准确了解客户对清洁区域、服务时间、特殊需求等方面的要求,确保服务能够完全符合客户期望。比如,客户可能对某些家具的清洁方式有特殊要求,或者希望在特定时间段内完成服务,准确了解这些细节是提供优质服务的基础。

快速:家政服务往往与家庭的日常生活紧密相关,客户通常希望服务能够高效完成,不影响家庭的正常生活秩序。快速的服务响应和执行能力是家政企业竞争力的重要体现。例如,在客户紧急需要清洁服务时,家政企业能够迅速调配人员,在最短时间内到达现场开展工作,展现高效的服务能力。

严谨:严谨的工作态度是保证家政服务质量的关键。从清洁用品的选择到清洁流程的执行,每一个环节都需要严格按照标准操作。例如,在清洁厨房时,要严格按照先清洁油污,再消毒,最后擦拭干净的流程进行,确保厨房的卫生安全。企业对服务人员的仪容仪表、行为规范等方面的要求也很严谨,以便展现专业的企业形象。

相互尊重:这体现在家政企业与客户、员工之间的关系中。企业尊重客户的隐私、需求和意见,为客户提供贴心、个性化的服务。企业也尊重员工的劳动和付出,为员工提供良好的工作环境、培训机会和合理的薪酬待遇。在家政服务过程中,家政人员与客户之间相互尊重,能够建立起良好的信任关系,促进服务的顺利开展。

2. 企业使命

家政企业的使命体现为通过自己的服务为社会贡献爱心,为家庭提供舒心,为员工成就梦想。

为社会贡献爱心:家政企业不仅提供商业服务,更是传递社会温暖的桥梁。家政企业通过为社区中的孤寡老人、困难家庭提供免费或优惠的家政服务,能够让这些群体感受到社会的关爱,促进社会的和谐发展。例如,定期组织家政人员为社区中的孤寡老人打扫房间、陪伴他们聊天,解决他们生活中的实际困难。

为家庭提供舒心:家庭是人们生活的港湾,一个整洁、舒适的家庭环境能够让人们身心愉悦。家政企业通过专业的服务，帮助家庭解决家务琐事，让家庭成员能够从繁重的家务劳动中解脱出来，有更多的时间和精力享受家庭生活。无论是日常的清洁卫生，还是家居物品的整理收纳，家政企业的服务都能为家庭带来舒心的生活体验。

为员工成就梦想：员工是企业发展的核心力量，家政企业要关注员工的职业发展和个人成长。家政企业为员工提供系统的培训课程，帮助他们提升专业技能和服务水平，让他们能够在工作中不断成长和进步。同时，家政企业可以建立公平合理的晋升机制，为有能力、有梦想的员工提供广阔的发展空间，让他们能够在企业中实现自己的人生价值。

3. 企业愿景

家政企业主要为家庭提供专业的家政服务，其愿景是成为提供专业、综合、值得信赖的家庭服务的优秀企业。

专业：专业是家政企业的立足之本。企业要不断提升服务人员的专业技能，通过定期培训、考核等方式，确保服务人员掌握先进的清洁技术、家居护理知识和服务技巧。例如，组织服务人员学习最新的清洁用品使用方法、家具保养技术等，提高服务的专业性和质量。

综合：随着家庭需求的多样化，家政企业要提供更加综合的服务。除了传统的清洁、保姆服务外，还可以拓展到家居维修、园艺养护、家庭健康管理等领域，满足家庭在不同方面的需求。例如，为客户提供一站式的家居服务套餐(包括清洁、家电维修、绿植养护等)，让客户享受到便捷、全面的服务。

值得信赖：在家政服务行业，信任是企业与客户之间的重要纽带。家政企业要通过严格的人员筛选、规范的服务流程和完善的售后服务，树立良好的企业信誉。例如，对家政服务人员进行背景调查，确保人员的可靠性；在服务过程中，严格按照合同约定执行，保证服务质量；在服务结束后，及时跟进客户反馈，解决客户问题，赢得客户的信任和口碑。

4. 核心价值观

家政企业的核心价值观应体现家政企业以服务为核心，注重服务品质，为客户提供整洁、温馨的生活环境，同时为社会与家庭奉献爱心。

以服务为核心：家政企业的一切工作围绕着服务客户展开。从客户咨询、下单到服务完成，每一个环节都要以客户为中心，提供优质、高效的服务。例如，建立专门的客户服务团队，及时响应客户的咨询和投诉，为客户提供全方位的服务支持。

注重服务品质：服务品质是家政企业的生命线。企业要制定严格的服务标准和质量控制体系，对服务过程进行全程监督和管理。例如，定期对服务人员的工作进行检查和评估，发现问题及时整改，确保服务品质始终保持在较高水平。

为客户提供整洁、温馨的生活环境：这是家政服务的直接目标。家政人员要用心对待每一次服务，通过细致的清洁工作、合理的家居布置，为客户打造一个整洁、舒适、温馨的家。无论是客厅、卧室还是厨房、卫生间，每一个角落都要做到干净整洁，让客户感受到家的温暖。

（二）制度层面

加快家庭服务业有关法规、标准的制定工作，建立健全家政服务就业及从业人员的配套服务体系，规范行业准入制度，实行持证上岗，家政市场参与者便有法可依。制定和完善家庭服务领域相关的规章、办法和标准，对家政企业的资质认证、收费标准、服务要求等进行监管，规范家政服务行业市场秩序。

一般制度包括：招聘、离职制度，考勤制度，日常行为规范，培训制度，保密制度，奖惩制度，薪酬福利，员工权益制度，理赔制度，等等。

（三）物质层面

家政企业作为面向家庭的服务行业，在成立之初，要规范物质层面的建设。企业名称、标志应该体现家政行业的特点。家政企业应尽量选址在自然环境比较舒适、人们生活方便的住宅区附近。除此之外，办公室的设计及布置方式、企业的标志性建筑与绿化美化情况是人们对家政企业的第一印象。如果第一印象不好，客户会质疑家政企业的服务质量。

1. 企业名称与标识

企业名称：一个好的企业名称是企业的重要标识。对于家政企业而言，名称应简洁易记，同时精准传达出家政服务的特质。比如“温馨管家”，“温馨”一词给人温暖、舒适之感，与家政服务为家庭营造温馨环境的目标契合；“管家”则明确了服务的属性，让客户一眼就能明白这是提供家政管理类服务的企业。再如“洁家帮”，“洁”突出了清洁服务，是家政业务的重要板块，“家帮”表示助力家庭解决家务难题，简单直接地体现了家政企业的核心功能。

企业标识：标识是企业形象的视觉浓缩。家政企业的标识设计可融入与家庭、服务相关的元素。例如，以一个微笑的人物形象手持清洁工具，代表家政服务人员的热情与专业；或者用一个温馨的房屋轮廓，搭配柔和的线条，寓意为家庭打造舒适空间。色彩上，常选用暖色调。例如，橙色代表温暖与活力，传递出家政服务给家庭带来的温馨氛围；绿色象征自然与健康，暗示家政服务注重环保清洁用品的使用，守护家庭健康。

2. 选址策略

家政企业应优先选址在自然环境舒适、生活便利的住宅区附近。这不仅方便客户上门咨询，还能让客户切实感到家政企业与家庭生活的紧密联系。比如，家政企业选址在绿化较好、周边配套设施完善的小区附近，客户在路过时能看到企业，产生亲切感和信任感。便利的交通也有利于家政服务人员快速响应客户需求，高效地前往客户家中提供服务，减少路途时间成本，提高服务效率。

3. 办公环境设计

办公室设计及布置方式：办公室的装修风格应体现温馨、舒适的感觉，就像家的延伸。室内采用柔和的灯光，营造温暖的氛围；摆放舒适的沙发和茶几，方便客户休息和洽谈业务。墙面可装饰一些展现家政服务场景的照片，如整洁的房间、开心的客户等，让客户直观了解服务成果。在办公区域设置展示区，展示清洁用品、家政服务工具等，体现企业的专业性。

标志性建筑与绿化美化情况：如果企业有独立的标志性建筑，其外观设计可采用简洁、温馨的风格，避免过于复杂的造型。建筑周边进行绿化美化，种植花草树木，打造宜人的环境。这不仅能提升企业的整体形象，还能向客户传达企业注重生活品质的理念，暗示企业会以同样的态度对待客户的家庭环境，增强客户对企业服务质量的信心。良好的第一印象能让客户在初次接触企业时就产生好感，进而愿意深入了解企业的服务内容，为业务开展奠定基础。

三、家政企业文化中的员工规范

一般家政企业文化中的员工规范主要包括以下内容：

(1)遵纪守法、讲文明、讲礼貌、维护社会公德。

(2)树立良好的服务形象，明确服务宗旨，增强服务意识。

(3)自尊自爱、和蔼亲切。

(4)守时守信、勤奋好学、精益求精。

(5)热情服务、忠于职守、宽容谦让。

(6)仪表整洁，着装大方得体。

(7)举止庄重、体态优雅。

(8)保护雇主隐私，不泄露私人信息。

(9)尊重雇主，不干涉家庭内部事务。

(10)不擅自引领他人进入雇主家中。

(11)尊重雇主的生活习惯及合理要求，不干预雇主的私生活。

研讨题

1.请从精神层面、制度层面和物质层面分析家政企业文化内容设计应包含哪些关键要素。

2.假设你是一家家政企业的管理者，如何通过企业文化建设增强企业的竞争力？

3.请分析家政企业文化与社会文化的关系，以及家政企业文化对社会文化的影响。

专创融合实训

1.某家政企业的企业文化建设情况调研和创新设计(分组进行，每组6～8人)：

(1)收集某一家政企业的企业文化建设情况信息。

(2)每组调研的家政企业不重复。

(3)运用本章理论对调研企业进行企业文化创新设计。

(4)聘请调研企业的经理(总监)评价创新设计成果是否具有采用价值。

(5)本次活动成绩主要以上交的书面材料(调研企业原有的企业文化信息、企业文化创新设计、创新设计成果的应用价值等，装订成册）为依据来评定，教师和其他小组对材料内容的真实性进行监督和质询（家政企业企业文化创新设计对比表可参考表 9-1）。

表 9-1 家政企业企业文化创新设计对比表

组别：	联系方式：
家政企业名称	
原有企业文化	
经过创新设计的企业文化	
创新点 1	理由：
创新点 2	理由：
……	……

2. 建设本组创业项目的企业文化。

模块十

家政企业创新管理

案例导入

“王府管家”的创新管理

创新一:家庭服务人员实现企业员工制,改变了传统家政的中介模式

“王府管家”既与客户签署服务协议,对全程服务负责,又与服务人员签署劳动合同。这令客户安心放心,令员工拥有归属感,改善了家政行业的客户关系、保障了从业人员的核心利益。

创新二:“N+1+N”服务模式创新,改变了传统家政单兵作战的局面

“N+1+N”服务模式是指:N位家庭服务师(如负责清洁整理、厨艺、育婴等不同专长方向)、1位管家(统筹协调型管家)、N位综合服务团队成员(如深度清洁、家宴、会场礼仪、礼车等各项服务类别)为家庭提供整体服务的模式。

相较于传统模式,“王府管家”的“N+1+N”服务模式具备如下优势:

1.统筹协调型管家起到至关重要的疏导作用

(1)家务统筹、细节把控、工作效果监督与协助优化,在客户检查之前达标。

(2)针对客户要求,持续协助提升服务师水平。

(3)作为沟通桥梁,起到缓解双方冲突、疏解情绪的作用。

2.团队化服务的高质高效与灵活全面

(1)聚合各服务方向的专业人员相互协作、各展所长,从而实现高质高效。

(2)拥有丰富的人才储备,可以在服务师需要顶班或替换时做到无缝衔接,避免出现服务空档期。

(3)随时响应客户多种生活服务需求,如深度清洁、空间收纳、家电清洗、木地板/地毯/大理石护理、新房开荒、园艺、家宴聚会、商务会议、礼车以及客户的定制化需求。客户只需联络“王府管家”即可,极大地节约了客户的时间与精力。

创新三:从以家庭为单位提供服务进化到围绕高端物业小区提供集群式服务,建设全栈式服务中心,实现家庭服务全托管

“王府管家”进一步发挥团队力量,在“N+1+N”服务模式的基础上,增添中央厨房与配餐、鲜花、快递、干洗、洗车、宠物护理、奢侈品养护、亲子教培等业务,并不断丰富完善。这可以让客户感到所有的家庭事务都值得交托于“王府管家”,从而打造家政行业值得信赖的知名品牌。

“王府管家”遵循将高端物业管理与家庭服务“屋内屋外相互融合”的创新理念,不仅为业主提供了尊贵、私密、定制化的生活体验,同时构建了智慧、便捷、安全的社区环境,还塑造了高端圈层文化,实现资产保值增值,使得“王府管家”服务所覆盖的物业小区在房屋销售租赁市场更具竞争力。

创新四:倡导高质量人才战略,实现高质量充分就业

传统家政行业从业人员往往存在业务水平参差不齐的问题。“王府管家”力图变革,大量引进高学历、高技能人才改变家政行业气象,大幅提升了从业人员的服务水平,从而也提升了客户的满意度。

“王府管家”不仅注重高端人才的引进,也重视对已有基层服务人员的积极培养。“王府管家”培训体系中,除技能培训外,还包括文化与礼仪等课程,并不断鼓励低学历从业人员提升学历,协助其申请政策补贴并予以公司奖励。

随着“王府管家”人才战略的成功实践,家庭服务从业人员的薪酬空间扩大,前所未有的高薪进一步吸引高质量人才涌入家庭服务行业,客户体验满意度不断攀升,最终形成客户享受高质量幸福生活,高校毕业生与基层服务人员得到高质量充分就业的良性循环。

项目一　企业创新概述

知识目标

1. 理解企业创新的含义;
2. 了解企业创新和可持续发展。

扫码学习

能力目标

1. 依据企业创新理论提出家政企业创新的可能性;
2. 养成企业创新思维。

基础知识

一、企业创新的含义

1912年,约瑟夫·熊彼特(Joseph Schumpeter)在其著作《经济发展理论》中,将“创新”定义为“在经济活动中引入新的思想、方法以实现生产要素新的组合”。熊彼特指出,创新活动是在经济活动中存在的某种破坏均衡而又恢复均衡的力量。他将其划分为五个方面:

(1)引入一种新的产品或者赋予产品一种新的特性。

(2)采用一种新的生产方法,它主要体现为生产过程中采用新的工艺或新的生产组织方式。这种新的方法绝不仅仅是建立在新的科学发现的基础之上,也可以是存在于处理一种产品的新方式之中。

(3)开辟一个新的市场,也就是有关国家的某一制造部门以前不曾进入的市场,不管这个市场以前是否存在过。

(4)掠取或控制原材料或半成品的一种新的供应来源,也不论这种来源是已经存在的,还是第一次创造出来的。

(5)实现任何一种工业的新的组织,如造成一种垄断或打破一种垄断地位。

熊彼特认为,创新是推动企业成长的根本途径。创新绝不等同于过去传统意义上的技术革新,而是指一种新的变革,只有当它被应用于经济活动时才能成为真正意义的企业创新活动。

企业创新不仅仅是技术创新,还包括创造性的商业模式,即创造新的资源配置方式、生产组织和技术方式，使资源效率更高，创造出新的符合需求的产品和服务。

二、企业创新与可持续发展

从企业发展的角度而言，企业的创新活动直接促进了企业核心能力的形成、发展、维护和再发展。创新活动使得企业的创新能力大幅增强，这不仅体现为企业内部新的生产组织方式所带来的资源配置能力的提高，还体现为企业在外部竞争环境中能够领先于竞争对手，获得更大的生存空间。

具体而言，企业的创新具有以下四大功效：

(1)创新活动使得企业能够领先一步并形成自己的核心能力，从而成为行业中的领先者。不论是成本、技术还是其他方面的领先都能使企业拥有比竞争对手更大的回旋余地，位于其后的竞争对手需要花费更多的时间和精力来追赶。相对于竞争对手，行业领先者能腾出更多的人力、财力和物力来谋划企业日后的生存与发展。

(2)创新有利于企业创造新的生产组织方式，提高资源配置效率，从而降低运作成本，增强企业的竞争力。知识作为一种不可忽视的力量加入生产，计算机和互联网技术的迅猛发展使信息在企业中的传播较以往有了很大的不同，以往的机械式管理对其已不再适用。企业自身的种种变化要求企业的组织形式做出相应的改进。

(3)企业的创新活动有助于推动企业提升整体经营水平和应变能力，为持续健康发展打好基础。企业的创新活动能促进企业核心能力的形成与发展，能提升企业的竞争优势，能为企业的发展创造条件。需要指出的是，创新并不仅仅指企业根本的、全面的革新，企业进行适应性调整也是一种创新。因为这也是企业经营者对生产要素进行重新组合的一种形式。调整后的企业更能适应生存环境的要求，企业资源配置的效率自然也能有所提高，能有一个更高的发展起点，因此适应性调整本身就是一种创新性发展。

(4)创新能在激烈的市场竞争环境下给企业创造出出奇制胜的机会。在日益激烈的市场竞争中，唯有创新才能出奇制胜，使企业或其产品与众不同，使企业获得巨大成功。竞争对手对于有别于传统的竞争方式需要花费一定的时间来适应，这就使创新企业在竞争中获得了主动。另外，新奇的出发点往往也是竞争对手防卫的薄弱之处，使企业能较轻易地克敌制胜。简单地说，创新能使企业在竞争中拥有“易守难攻”的优势。

项目二 企业创新的主要方面

知识目标

掌握企业创新的主要方面。

能力目标

依据企业创新的主要方面提出家政企业创新的思路。

扫码学习

基础知识

企业创新活动主要涵盖了目标创新、技术创新、市场创新、制度创新和管理创新五个既相互区别又相互联系的领域。

一、目标创新

企业是在一定的经济环境中从事生产经营活动的，特定的环境要求企业在追求利润的最大化的同时，还要按照特定的方式提供特定的产品。企业的环境发生变化，要求企业的经营目标、财务管理目标、生产经营方向以及企业在生产经营过程中同其他社会经济组织的关系进行相应的调整。企业处在不同时期的经营活动中，需要适时地根据市场环境和消费需求的特点及变化趋势加以整合，企业做的每一次调整实际上就是一种创新。

二、技术创新

技术创新是企业创新活动的重要领域，许多学者和实践者对此有积极的贡献。

林恩(G. Lynn)从创新时序过程角度来定义技术创新，认为技术创新是“始于对技术的商业潜力的认识而终于将其完全转化为商业化产品的整个行为过程”。

厄特巴克(J. M. Utterback)在1974年发表的《产业创新与技术扩散》中认为“与发明或技术样品相区别，创新就是技术的实际采用或首次应用”。

弗里曼(C. Freeman)是技术创新方面的著名学者，他在《工业创新经济学》中明确指出，技术创新就是指新产品、新过程、新系统和新服务的首次商业性转化。

20世纪80年代中期，缪尔塞(R. Mueser)对几十年来在技术创新概念和定义上的多种主要观点和表述作了较系统的整理分析。缪尔塞将技术创新重新定义为：技术创新是以其构思新颖性和成功实现为特征的有意义的非连续性事件。这一定义突出了技术创新在两方面的特殊含义：一是活动的非常规性，包括新颖性和非连续性；二是活动必须获得最终的成功实现。

技术创新的分类方法基本上可以归纳为两种：①宏观与微观分类法，主要划分依据是创新层次与范围。有代表性的宏观分类法是英国科学政策研究机构(SPRU)的技术创新产出/

应用分类法，微观分类法主要有厄特巴克等人的过程创新与产品创新分类法等。②创新客体与主体分类法，主要划分依据是创新活动的技术变动强度与对象。有代表性的主要有弗里曼的客体分类法和帕维特（K. Pavitt）的主体分类法。技术创新还可以按技术开发型和市场开发型进行分类，这里不一一讨论。下面仅简要介绍渐进性创新和根本性创新、产品创新和过程（工艺）创新这两种分类。

（一）渐进性创新和根本性创新

根据技术创新过程中技术变化强度的不同，技术创新可分为渐进性创新和根本性创新。

渐进性创新（incremental innovation），或称“改进型创新”，是指对现有技术的改进引起的渐进的、连续的创新。

根本性创新（radical innovation），或称“重大创新”，是指技术上有重大突破的技术创新。它常常伴随着一系列渐进性的产品创新和工艺创新，并在一段时间内引起产业结构的变化。

（二）产品创新和过程创新

根据技术创新中创新对象的不同，技术创新可分为产品创新和过程创新。

产品创新（product innovation）是指技术上有变化的产品的商业化。按照技术变化量的大小，产品创新可分成重大产品创新和渐进产品创新。产品用途及其应用原理有显著变化者可称为“重大产品创新”。重大产品创新往往与技术上的重大突破相关，如集成电路技术的突破带来了众多电子产品的换代，数字化技术的进步导致电子产品市场整体格局改变，等等。渐进产品创新是指在技术原理没有重大变化的情况下，基于市场需要对现有产品所作的功能上的扩展和技术上的改进。我们不能轻视渐进或改进式的创新，正是这类创新，不断地吸引大量的客户，为企业产品开辟了广阔的市场前景。

过程创新（process innovation），也称“工艺创新”，是指产品的生产技术的变革，它包括新工艺、新设备和新的组织管理方式。过程（工艺）创新同样也有重大和渐进之分。

技术创新的经济意义往往取决于它的应用范围和对需求的满足，而不完全取决于它是产品创新还是过程创新。

三、市场创新

市场是企业生存发展的生命线，许多商业模式上的创新就体现为市场创新。当然，其中也会有技术创新的成分。从市场实现的角度来讲，企业一般的市场行为往往只能保持今天的市场，只有不断地创新才能开拓企业未来的市场。企业对市场的重视最重要的体现是进行市场创新，市场创新是企业市场营销战略和技巧发展的必然。

企业对市场的认识先后经历了以下五个阶段：

1. 以生产观念为导向的阶段

生产观念是一种最古老的指导企业市场营销活动的观念，它产生于卖方市场的条件下。

生产观念认为，消费者喜爱那些方便购买到并且价格低廉的产品，因此企业应致力于实现高生产效率和广泛的销售覆盖面。

2. 以产品观念为导向的阶段

产品观念认为，消费者最喜欢那些高质量、多功能和有特色的产品。因而，产品导向型企业总是致力于生产高价值产品，并不断改进，使之日臻完善。产品观念容易导致企业的"营销近视"，即企业在营销时把注意力只集中在产品上，而不是放在消费者的需求上。

3. 以推销观念为导向的阶段

推销观念是在卖方市场向买方市场转化期间产生的，它是以产定销的企业经营哲学。推销观念认为，如果听其自然，消费者通常不会足量购买某一种企业的产品，因而企业必须积极推销和进行大量促销活动。企业如果能针对消费者的心理，采取一系列有效的推销和促销手段，使消费者对企业的产品发生兴趣，就能刺激消费者大量购买。

4. 以营销观念为导向的阶段

营销观念的形成是企业对市场认识的一次"革命"。营销观念认为，实现企业目标的关键在于正确确定目标市场的需要和欲望，并且比竞争对手更有效地向目标市场提供市场所期待的产品或服务。营销观念的形成，不仅从形式上，更是从本质上改变了企业营销活动的指导原则，是企业经营哲学从以产定销转变为以销定产，第一次摆正了企业与顾客的位置。

5. 以社会营销观念为导向的阶段

社会营销观念是用来修正、取代市场营销观念的。社会营销观念认为，企业的任务是确定目标市场的需要、欲望和利益，比竞争者更有效、更有利地向市场提供市场所期待的产品或服务，不仅要满足消费者的需要和欲望，还要照顾到社会的当前和长远利益。社会营销观念要求企业在制定营销决策时权衡三方面的利益，即企业利润、消费者需求的满足和社会利益。企业对市场认识的每一次进步都带来一系列的市场创新活动，这些市场创新活动成为营销理论发展与完善的基础。营销理论发展与完善又反过来促进着企业的市场创新活动。

综上所述，市场创新是指企业管理者把社会需要转化为有利于企业的各种机会。市场创新过程的本身涉及企业的各项内部活动，其最终目的依然是如何从根本上使消费者需求、社会需求得到更充分的满足。现代企业的市场创新可通过以下四条基本途径来进行：①开拓一个全新的尚未被人们所关注的市场；②创造企业在市场上的持久竞争优势；③谋求占有更大的市场份额的创新策略；④创新营销手段。优秀的市场营销与普通市场营销的最大区别在于服务。营销手段的创新关键在于服务创新。服务创新是指一切能增加产品附加价值、便利消费者的新举措，如服务项目的增加、服务态度的改善、服务设施的改进及服务方式的推陈出新等。

市场创新往往与技术创新相互渗透、相互促进，这是企业管理者必须深刻认识并积极拓展的重要内容。同时，企业在进行市场创新的时候，亟须政府支持和援助，这是当今世界市场快速变化和激烈竞争导致的必然趋势，企业万万不可忽视政府资源。从发达国家提出低碳经济概念到部分国家提出征收“碳排放税”，这些政府行为就是市场创新的“潜台词”，将很快促使市场格局的演变。学习企业管理、学习企业创新，一定要懂得争取各方资源的支持，尤其是政府的支持。

四、制度创新

企业制度创新就是企业内部的体制机制的创新，是企业商业模式创新的重要内容，也是重新整合和优化资源配置的重要创新活动。企业制度是一个多层次制度体系，它包含企业产权结构、组织结构和管理结构，是企业顺利运转的产权规范、管理规则之集合，是调节人与人、人与物的关系，以及现代企业在生产经营过程中的行为关系的重要规范与准则。企业制度的核心是产权制度，企业组织形式和经营管理制度是以产权制度为基础的，三者分别构成企业制度的不同层次。

通俗化理解的企业制度创新，是指引入新的制度安排。企业制度创新有狭义和广义之分：①狭义的制度创新，亦称“组织创新”，是指随着生产的不断发展而产生的新的企业组织形式；②广义的制度创新，不仅包括组织创新，还包括管理创新和市场创新。

一般而言，企业制度创新主要包括产权制度创新、管理体制创新和利益分配体制创新三方面的内容。

（一）产权制度创新

企业产权制度，简单地说就是围绕企业财产权利的运营而发生的相关主体间权、责、利关系的制度安排。它规定了企业内所有者、经营者、生产者在一定条件下的地位、相互关系，以及各自的作用。从历史角度来看，企业财产组织形式经历了由个人业主制到合伙制再到现代公司制的演进。企业产权制度的演进是一个自然的历史过程，即它反映着生产力进步的要求，并总是向着更有效率的方向进行调整。

（二）管理体制创新

企业的管理体制决定了企业资源的配置方式以及资源的利用效率。从整个社会的角度来看，在不同的经济体制下，企业的管理体制也各不相同。在计划经济体制中，政府直接干预企业的资源配置，国家的宏观经济政策决定了企业的资源利用率。对应的企业管理体制在很大程度上表现为所有权与行政权的统一，企业的资产管理主要依靠庞大的行政管理系统。在市场经济体制中，市场通过价格机制来调配资源，理论上企业的资源可以得到充分的利用。对应的企业管理体制以市场的运作为导向，以企业自身效益的最大化为目标。混合经济体制中的企业管理体制介于上述两者之间。企业管理体制的建立既受企业自身的效益影响，又受到社会的整体利益的约束。其实在实践中，既没有纯粹计划经济体制下的企业管理体制，也没有纯粹市场经济体制下的企业管理体制。

从历史的角度来看，企业的管理体制经历了以自由经济为指导到以政府宏观调控为主，再到重新审视宏观调控下的企业管理体制的过程。管理体制的每一次创新都是以更合理地配置资源、实现资源的有效利用为目的的。

(三)利益分配体制创新

企业的制度创新实质就是要改革人与人之间的利益关系,企业利益分配体制的创新就是要通过新的利益安排实现企业整体利益的最大化。在利益的调整中总会有人利益受损,这主要是由以下三方面的原因造成的:①制度变革导致一部分人失去旧体制下的种种既得利益,又不可能在新体制下获得相应的替代物,因而发生了实际收入水平的绝对下降;②改革虽说最终能使社会上绝大多数人获利,但人们最终的相对收入水平是不同的,只要有人在社会收入结构中与他人相比,相对收入水平下降,他们就会反对制度创新;③即使把补偿因素也考虑进来,人们可以用改革所带来的高额收益对受损者进行一定的补偿,也不能解决问题,因为"完全补偿"不可能实现。人们的相对收入水平总要发生变化,否则旧的利益格局不会变,制度创新也就失去了意义。因此,企业利益分配体制的创新必然会遇到各种各样的阻力。克服阻力、实施企业利益分配体制的创新是保证企业制度创新顺利进行的关键。

五、管理创新

随着经济发展、技术进步和市场竞争加剧,企业的生存与发展过程将会不断地出现亟待解决的问题,由此推动了企业的管理创新。管理创新的成功实施可以使企业的制度创新、组织创新、技术创新和市场创新的功效得以更好地发挥。

管理创新是指创造一种新的更有效的资源整合范式。这种范式既可以是进行新的有效资源整合以达到企业目标和责任的全过程式管理,也可以是新的具体资源整合及目标制定等方面的细节性的、局部性的管理。管理创新在现代企业发展中所起的作用主要有:提高企业经济效益;降低交易成本;稳定企业、推动企业发展;拓展市场,提高竞争力;有助于企业家阶层的形成;等等。

企业的管理创新有五个重点。

(一)构建共同愿景

企业的共同愿景是指企业所有员工共同的愿望和共享的景象。这种景象是企业中所有成员发自内心的共同意愿。这种意愿不是一种抽象的东西,而是具体的、能够激发所有成员为组织的这一愿景而奉献的任务、事业或使命,它能够创造巨大的凝聚力。企业的共同愿景包含企业的发展蓝图、价值观、使命和组织目标。

构建企业共同愿景的基本途径主要有培养组织成员的共同语言,进行团队学习、深度会谈以及实现自我超越等。

(二)把握产业先机

现代企业若想在市场上获胜,先是要选择那些能够为企业提供长期盈利可能的产业,然后面对的才是在市场上、在企业资源的整合上如何努力的问题。现代企业应该努力在把握人类基本需求欲望的条件下创造人类未来的需求，由自己来开创一个新兴产业，从而在产业演化更替中获得领先优势。

（三）开展资产运作

资产运作，是指运作资产以达到一定目的的过程。这里所说的资产不同于资本。资产是指企业由于过去的活动所形成的、现在拥有或掌握的、能够以货币计量的、在未来能够产生效益的经济资源或财产。企业的资产在运作的过程中能更快地得到增值，从而使得资产的配置效率更高。在企业的经营实践中，战略目标的变动、企业所处环境的变动等都要求企业的资产作相应的运作。

（四）再造工作流程

美国管理学家哈默（Michael Hammer）认为，流程再造是根本性地重新思考，彻底地更新作业流程，以便在衡量当前关键的要素（如成本、质量、服务和速度等方面）表现上获得显著（戏剧性）的改善。这一定义中包含了四个关键词：根本性（fundamental）、彻底性（radical）、戏剧性（dramatic）和流程（processes）。流程再造的概念已经被广泛应用。

（五）回归人本管理

人本管理作为管理创新的重点之一，一方面是因为人力资本将在企业众多资本要素中扮演越来越重要的角色；另一方面是因为人本身的发展将呈现很大的空间与需求，也就是说人们更加重视对自己本身的发展了。

人本管理概念是建立在对人的基本假设之上的，实际上就是把人看作一个追求自我实现、能够自我管理的社会人。人本管理是指以人的全面的自在的发展为核心，创造相应的环境、条件和工作任务，以个人自我管理为基础，以企业共同愿景为引导的一整套管理模式。回归人本管理有助于人力资源能量的释放，是企业创新活动中不可或缺的内容。

项目三　企业创新管理

知识目标

掌握企业创新各种方面的管理策略。

能力目标

依据企业创新管理策略构建家政企业创新管理的思路。

扫码学习

基础知识

一、技术创新管理

(一)创新计划的制订

制订创新计划需要明晰产品创新目标,进行实现创新目标的具体规划,并制订应急计划。

1. 明晰产品创新目标

明晰产品创新目标包括以下三个方面的内容:

(1)发展目标。发展目标包括四种选择:①率先进入市场,迅速发展;②形成竞争优势,受控发展;③逐步更新现有产品,保持竞争地位;④转移阵地,受控收缩。

(2)市场态势。市场态势反映创新产品在市场上体现竞争优势的方式,也包括四种选择:①开拓型态势,即通过产品创新创造新的市场机会;②发展型(或进攻型)态势,即通过产品创新扩大市场占有率;③维持型(或防守型)态势,即用创新产品替代即将退出市场的产品,保持市场份额;④收缩型态势,即放弃部分市场份额,通过产品创新巩固其余市场。

(3)特殊目标。特殊目标包括产品多样化,产品结构合理化,避免被收购,取得满意的投资回报率,维持或改善企业形象,等等。

2. 实现创新目标的具体规划

实现创新目标的具体规划包括以下四个方面的内容:

(1)确定关键性创新要素的来源:市场和营销方面的要素;生产制造方面的要素;技术要素。

(2)确定创新方式和创新的技术变化程度:企业要根据自身的经济实力、技术能力、在市场竞争中的地位和创新目标等决定创新方式和创新技术变化的程度。

(3)选择进入市场的次序和时机:企业要根据对自身资源条件和能力的估计、对市场风险的判断和对创新产品投资报酬水平的预测来决定创新产品进入市场的次序和时机。

(4)其他策略:实现创新目标的具体规划中还应包括对一些特殊方面的安排。

3. 应急计划

应急计划，是指应对创新过程中出现的不利情况和突发事件的安排。这些不利情况和突发事件包括：市场突然衰退；创新产品不被市场接受；竞争对手的产品受到严格的专利保护；市场被竞争对手所控制；企业经营遇到困难，没有足够的资金支持创新；营销渠道难以打通；与合作伙伴的合作不顺利；所需要的外部技术无法得到，关键技术人员离开企业；等等。

（二）开发过程控制

创新构思要通过后续的开发活动来实现。开发是一个有众多部门和人员参加，包括许多步骤和子项目，需要多个部门的密切配合，实施计划要不断调整、修正的动态过程。对开发过程进行有效的控制是创新成功的重要保障。有效的控制包括：明确开发过程控制的任务和重点；正确采用开发过程控制的方法；针对开发过程中的技术转移作出决策。

（三）创新阶段整合

创新过程分为多个阶段，创新的各个阶段常由不同职能部门来完成。工作组或职能部门之间存在明显的界限。创新过程中的阶段整合往往成为企业创新过程管理中的新问题。创新阶段整合的方式主要有三种：串行整合、交叉整合、并行整合。

二、市场创新管理

（一）市场创新域及其管理

市场创新域，是指市场创新者可以选择的、能够引起现有市场发生变化并导致新市场出现的各种市场要素的总和。因为影响和制约市场变化的相关因素很多，所以市场创新者可以选择的市场创新域也很多。

（二）市场创新源及其开发利用

拥有相应的市场创新要素是进行市场创新的必要条件。市场创新源，是指产生各种市场创新要素的源泉与获取这些市场创新要素的渠道。了解产生各种市场创新要素的源泉以及企业获取这些市场创新要素的主要渠道，有助于企业认识和掌握市场创新活动的基本规律，积极主动地开发和利用各种创新资源，开展市场创新活动。

三、制度创新管理

企业制度创新成果是用一系列制度固定下来的，但在现实生活中经常出现制度创新的变形，即一种按照企业制度创新主体原来的设计形成的制度。在它产生的过程中，或者在它形成后不久，它就发生了变化，同原来的设计有较大的差异，起不到它本来应当起的作用。

合理的公司法人治理制度可以综合地解决一系列体制性矛盾，实现出资者所有权与企业法人财产权的分离，形成科学的决策机制、执行机制和监督机制，有效防范经营风险，促进公司规范运作。

项目四　家政企业创新管理概述

知识目标

掌握家政企业创新的主要方面及管理策略。

能力目标

针对具体的家政企业提出应该创新的方面及管理策略。

扫码学习

基础知识

家政企业创新的主要方面包括家政企业技术创新、家政企业市场创新、家政企业制度创新等。

一、家政企业技术创新

家政企业技术创新是指家政企业在服务流程、管理模式、信息化应用等方面不断引入新技术、新理念，以提升服务质量、提高效率、降低成本，从而提升竞争力和市场份额。

家政企业技术创新的具体内容包括但不限于以下几个方面：

（一）服务流程创新

家政企业可以通过优化服务流程，提升服务效率和质量。例如，引入智能家居设备、在线预约系统等，以提供更便捷、高效的家政服务。

（二）管理模式创新

家政企业可以借鉴其他行业的管理经验，引入先进的管理模式，提升企业管理水平和运营效率。例如，采用云端管理系统、数据分析等技术手段，实现对员工、客户、服务质量等方面的全面监控和管理。

（三）技术应用创新

（1）物联网和人工智能技术：利用物联网技术实现智能家居设备的互联互通，通过人工智能技术提供更加智能化、人性化的家政服务。

（2）大数据应用：利用大数据技术分析客户需求，为家政服务的定制化、个性化提供数据支持。同时，通过数字化手段，家政企业能够更高效地匹配供需双方，提升服务效率。

（四）智能化升级

（1）智能匹配系统：通过开发智能匹配系统，根据客户的需求和服务人员的技能进行高效匹配，提高服务质量和客户满意度。

(2)在线预约和支付系统：优化在线预约和支付流程，为客户提供更加便捷的家政服务体验。

家政企业技术创新不仅可以提升企业的竞争力，还可以为消费者提供更优质、便捷的家政服务，促进家政行业的健康发展。因此，家政企业应不断关注行业发展趋势，积极引入新技术、新理念，推动企业的技术创新和升级。

二、家政企业市场创新

家政企业市场创新是指在家政服务行业中，通过不断改进和优化服务内容、服务方式、管理模式等方面，满足消费者不断变化的需求，提高企业的竞争力，扩大企业的市场份额。

(一)服务内容创新

家政企业不断开发新的家政服务项目，如家庭健康管理、宠物管理、老人关怀、家庭教育辅导、家庭心理咨询等，以满足消费者的多元化、个性化需求。这些新项目可以提供更专业、更个性化的服务，帮助消费者解决生活中的许多问题。

(二)服务模式创新

(1)灵活服务：探索新型服务模式(如轮班制度、分时段灵活服务等)，以适应不同家庭的工作和生活节奏。

(2)线上线下融合：利用互联网平台，实现线上预约、线下服务的一体化流程，提高服务效率和客户体验。

(3)社区家政服务：通过独营、嵌入、合作等方式进驻社区，为居民提供便捷、高效的家政服务，推动家政服务的普及和规范化。

(三)市场拓展创新

(1)高端市场：针对高净值客户，提供高端家政服务，如私人管家、家庭健康管理师等，满足他们对专业、细致、个性化服务的需求。

(2)国际化发展：积极拓展国外市场，将中式家政服务理念和专业技能传播出去，同时引进国际先进的管理经验和服务模式，提升国内家政行业的整体水平。

(四)品牌建设创新

通过品牌营销、口碑传播等方式，树立企业的良好形象，提高消费者对企业的认知度和信任度。例如，企业可以通过广告宣传、社交媒体推广等方式提升品牌知名度；另外，可以与其他行业或品牌进行合作与联盟，共同开发新型服务项目，拓展市场空间。

（五）企业文化创新

建立以客户为中心、以创新为驱动的企业文化，激发员工的创新意识和能力。例如，企业可以鼓励员工提出创新想法，并为优秀创意提供奖励。

三、家政企业制度创新

家政企业制度创新是推动家政行业持续健康发展的关键所在。以下是家政企业制度创新的主要方面：

（一）员工制转型

员工制是家政企业制度创新的重要方向。通过实行员工制，企业与家政服务人员签订劳动合同，明确双方权利义务，提供稳定就业和职业培训，有利于保障员工权益，提高员工职业认可度，降低人员流动性，增强行业吸引力。国家发展改革委等部门已发布相关指导意见，明确把员工制企业转型作为家政行业未来发展的重要方向，并给出了具体的支持措施。

（二）规范化管理

家政企业规范化管理创新是指家政企业在经营过程中，对现有的发展战略、组织结构等方面进行改革和创新，以提高企业的竞争力和盈利能力。

(1)制定科学的发展战略：家政企业应根据自身的优势、市场需求以及竞争对手情况，制定符合企业长期的、合理的发展战略，明确企业的发展方向和目标。

(2)优化组织结构：家政企业在发展过程中应根据企业不同发展阶段的业务发展需要，不断调整组织结构，实现组织扁平化，提高决策效率。

(3)建立健全家政企业的管理制度(包括服务标准、服务流程、质量控制、人员培训、绩效考核等方面)，实现家政服务的规范化、标准化。例如，制定严格的家政服务人员选拔、培训、考核和激励机制，确保服务人员的专业素质和服务质量。

（三）信用体系建设

从政府层面来看，家政企业信用体系建设需进一步加强。通过家政服务信用信息平台或当地家政服务公共管理平台建立企业信用记录和家政服务员信用记录，推进家政服务人员全员持证上门，依法依规对信用良好的家政企业给予信用激励，提高家政服务行业的整体信誉度。

（四）创新激励机制

建立合理的激励机制，激发家政服务人员的积极性和创造性。例如，建立绩效考核体系，根据员工的工作表现进行绩效评价和奖励；引入股权激励、晋升机会等制度，激发员工的个人发展动力。

(五)社会保障支持

为员工制家政企业符合条件的员工落实好社会保险补贴、失业保险稳岗返还政策等社会保障支持措施,提高员工的社会保障水平,增强员工的企业归属感和忠诚度。

(六)加强人文关怀

通过举办家政节、加强人文关怀、为员工提供福利等措施,提高家政服务人员的职业荣誉感和自豪感,进一步激发他们的工作热情和创造力。

综上所述,家政企业制度创新需要从员工制转型、规范化管理、信用体系建设、创新激励机制、社会保障支持以及加强人文关怀等多个方面入手,以推动家政行业的持续健康发展。

研讨题

1. 简述创新的概念,并进一步探讨创新对企业可持续发展的价值。
2. 企业创新有多个方面,怎样认识商业模式创新对企业的意义?
3. 家政企业创新管理对提升企业核心竞争能力的作用有哪些?

专创融合实训

1. 调研某家政企业制度创新的历程:

(1)设计调研提纲。

(2)每组调研的家政企业不重复。

(3)本次活动成绩主要以上交的书面材料(调研提纲、调研报告、过程性照片或视频资料等,装订成册)为依据来评定,教师和其他小组对材料内容的真实性进行监督和质询。

2. 完成本组创业项目的商业计划书,要求新颖有说服力。

模块十一

家政企业创业和新企业管理

案例导入

沐爱森林教育科技集团居家托育服务转型创业之路

沐爱森林教育科技集团创立于2019年，为家庭提供出国留学、托育早教、居家托育等高质量现代服务。在托育早教领域，沐爱森林教育科技集团是一家专业开展0～3岁婴幼儿教养一体的全日制托育机构，秉承以儿童为中心的教育理念，依托蒙台梭利教育法、感觉统合理论、回应式教学法以及大量成熟的保育实践成果，致力于打造一所真正属于儿童、尊重儿童、服务儿童的高品质托育早教中心。

一、转型创业过程

1. 市场调研与战略规划

2023年初，集团组织专业团队对河南区域的家庭托育服务需求进行了深入调研。调研发现，中高端家庭对托育服务的需求呈现“四化”趋势——场景家庭化、服务专业化、内容个性化、管理数字化。

基于调研结果，集团制定了详细的战略规划，明确了将托育与家政服务融合的发展方向，提出了“托育＋家政”的融合服务模式。该模式旨在为家庭提供从婴幼儿护理、早期教育到家庭环境创设等全面的中高端服务。运用蓝海战略思维，避开传统托育机构在场地规模和价格竞争维度的红海厮杀，聚焦家庭场景渗透率、服务专业度和科技赋能三个创新维度，形成差异化优势。集团决定将子公司品牌定位为高端家庭托育服务专家，强调专业、安全、贴心的服务特色，目标客户群体为有中高端托育服务需求的家庭。

2. 资源整合与团队组建

集团整合现有资源，将部分托育机构的优秀师资和管理人员调配到子公司，降低转型初期投入风险。同时，利用集团在教育信息化领域的技术优势和实践经验，为居家托育服务提供技术支持。

集团从外部招聘了一批具有家政服务经验的专业人才，包括育婴师、早教老师、营养师等。此外，还聘请了多位教育专家和行业顾问，为服务模式的设计和优化提供专业指导。为确保服务质量，集团成立了专项小组，专项小组负责制定居家托育服务的标准和流程，并开发了一套完善的培训体系，涵盖理论培训、实践操作和案例分析等多个环节。

3. 品牌建设与市场推广

集团启动品牌建设工作，设计全新的品牌标识和服务理念。品牌标识以“爱心”和“家庭”为主题，传承集团“用爱播种一片森林，让每颗种子长成自己”的使命，强调对儿童的关爱和对家庭的责任。

集团通过线上线下相结合的方式进行市场推广。线上利用社交媒体、短视频平台等渠道进行宣传，发布育儿知识、服务案例、客户评价等内容，吸引潜在客户关注。线下在社区和合作单位举办亲子活动、托育讲座、免费体验课等，提升品牌知名度和客户参与度。同时，集团与所在地的社区服务中心、妇幼保健院、幼儿园、小学等机构建立合作关系，通过联合推广、资源共享等方式，扩大品牌影响力。

二、创立期关键管理措施

1. 产教融合与人才培养

集团积极推动产教融合，与多所高校和职业院校合作，成立产业学院，开设托育和家政服务相关专业课程。课程内容涵盖婴幼儿护理、早期教育、家庭环境创设、家政服务等多个领域，旨在培养复合型专业人才。

实施项目式岗前培训，为新员工提供实践机会。通过真实案例分析、模拟场景操作等方式，让员工在实践中掌握服务技能，解决专业型人才短缺的痛点。建立员工持续培训机制，定期组织内部培训和外部进修，鼓励员工考取相关职业资格证书，不断提升专业水平。

2. 产品打磨与研发

通过市场调研和专家意见，制定了居家托育人才培养方案，构建了课程体系，涵盖婴幼儿护理、早期教育、家庭环境创设等多个方面。在此基础上，推出了个性化托育套餐（包括小时托、日托、月托等多种服务形式），满足不同家庭的需求。

集团不断打磨服务产品，优化服务流程。从客户咨询、预约、上门服务到售后服务，每个环节都制定了详细的标准和规范，确保服务质量的稳定性。结合现代家庭的需求，推出了一系列创新服务产品，如特色课程服务套餐、智慧育儿服务套餐、营养膳食服务套餐等，提升服务的附加值。

3. 数字化转型与运营管理

集团投入资金进行数字化转型，开发居家托育服务管理平台。平台实现师资培养、客户预约、员工排班、服务质量监控、数据分析等功能的线上化管理，提高运营效率。

利用大数据分析客户需求，优化服务流程。通过分析客户反馈、服务数据等信息，及时调整服务内容和策略，提升客户满意度。在服务中引入智能设备，如智能体温计、智能睡眠监测仪等，实时监测婴幼儿的健康数据，并通过手机 App 及时反馈给家长，增强服务的科技感和专业性。

项目一　创业概述

知识目标

1. 了解创业的概念与功能；
2. 了解创业的类型。

能力目标

掌握创业的过程。

基础知识

扫码学习

一、创业的概念与功能

（一）创业的概念

“创业”一词最早出现于《孟子·梁惠王下》：“君子创业垂统，为可继也。”《辞海》将创业解释为“开创基业”。现今，我们可以把创业理解为不拘泥于当前的资源约束，寻求机会进行价值创造的行为过程。广义的创业指所有具有开拓性和创新性特征的、能够增进经济价值或社会价值的活动。狭义的创业指个人或团队自主创办企业。本书理解的创业是广义的创业。

（二）创业的功能

创业是经济活力之源、社会进步之翼。创业的主要功能体现为：

（1）创业具有促进科技进步和繁荣市场的功能。创业往往伴随着新技术、新产品、新工艺、新方法进入市场，伴随着大量科研成果转化型企业的诞生。因此，创业可以促进技术进步，推动经济结构升级。创办科研成果转化型的创业企业，可以较快促进社会科技进步，促进我国整体科技水平的提高和综合国力的提升。

（2）创业具有缓解就业压力的社会功能。近些年来，我国就业压力有与日俱增之势，就业形势日趋严峻。就业的结构性矛盾更加突出：一方面，传统行业出现大批下岗失业人员，许多人再就业困难；另一方面，新兴产业、行业和技术性职业所需素质较高的人员又供不应求，不同地区、不同行业劳动力供求的不平衡性加剧，劳动力素质与岗位需求不能适应的矛盾变得更加突出。

（3）创业具有调节社会资源配置的功能。创业企业要能够生存并获得持续发展，必须具备一定的竞争力。从行业发展来看，创业企业的成功将会影响行业已有的经营格局。加剧行业经营的竞争，形成优胜劣汰局面，激发市场的活力，有利于资源向经营状况良好、生产效率相对较高的企业流动，促使社会资源合理配置，产生更高的社会效益。

（4）创业具有帮助创业者实现人生价值的功能。随着社会进步发展，智力已经成为比土地、资金、劳动更有意义的关键性生产要素，知识、技术和管理已成为重要的生产要素并参与增值和分配。创办企业越来越需要创业者具有较高的知识水平和技术能力，因此，创业有利于知识、创新成果的产业化转化，资本借助知识又能发挥更强大的作用，从而推动整个社会生产力水平的提高。

二、创业的类型

创业活动涉及各行各业，创业者的创业动机千差万别，创业项目和领域多种多样，创业的类型也因此更加多样化，可以从不同角度进行分类。

（一）基于创业动机不同的分类

基于创业者创业动机的不同，创业可以分为生存型创业和机会型创业。生存型创业，是指创业者为了生计而相对被动进行的创业活动。它的主要特征为：创业者受生活所迫，物质资源贫乏，在现有市场中捕捉机会，从事低成本、低门槛、低风险、低利润的创业。机会型创业，是指创业者为了追求商业机会，谋求更多发展而从事的创业活动。

（二）基于创业起点不同的分类

基于创业起点不同，创业可以分为创建新企业和企业内创业。创建新企业，是指创业者或团体从无到有地创建全新的企业组织。这个过程充满机遇，但风险和难度也很大。企业内创业，是指在已有公司或企业内进行创新创建的过程。例如，企业流程再造。正是通过二次、三次乃至连续不断的创新创业，企业的生命周期才能不断地在循环中延伸。

（三）基于创业者数量不同的分类

基于创业者数量不同，创业可以分为独立创业和合伙创业。独立创业，是指创业者独立创办自己的企业。它的特点在于产权归创业者个人所有，企业由创业者自由掌控，决策迅速，但创业者要独自承担风险，创业资源整合比较困难，并且受个人才能限制。合伙创业，是指与他人共同创办企业，其优势和劣势正好与独立创业相反。

（四）基于创业项目性质不同的分类

基于创业项目性质不同，创业可分为传统技能型创业、高新技术型创业和知识服务型创业。传统技能型创业是指使用传统技术、工艺的创业项目。比如，生产饮料、食品、中药、工艺美术品、服装等。高新技术型创业是指知识密集度高，带有前沿性、研究开发性质的新技术、新产品创业项目。知识服务型创业是指为人们提供知识、信息的创业项目。当今社会，各类知识咨询服务机构不断细化和增加，这类项目大多投资少、见效快、市场前景广阔。

（五）基于创业方向或风险不同的分类

基于创业方向或风险不同，创业可以分为依附型创业、尾随型创业、独创型创业和对抗型创业。依附型创业可以是依附于大企业或产业链而生存，在产业链中确定自己的角色，为大企业提供配套服务（也可以是特许经营权的使用），如利用某些品牌效应和成熟的经营管理模式进行创业。尾随型创业是指模仿他人所开办的企业和经营项目，这种情况一般是行业内已经有许多同类企业，创业者尾随他人，学着别人做。独创型创业是指提供的产品和服务能够填补市场空白，大到商品完全独创，小到商品的某个技术独创。对抗型创业是指进入其他企业已形成垄断地位的某个市场，与之对抗较量。

三、创业的过程

创业过程是由创业者从产生创业想法到创建新企业或开创新事业并获取回报，涉及识别机会、组建团队、寻求融资等一系列活动组成的流程，通常分为以下六个主要环节。

（一）产生创业动机

创业动机是识别创业机会的前提，是创业的原动力，推动创业者去发现和识别市场机会。一个人能否成为创业者，会受三方面因素的影响。一是个人特质。每个人都可能具有创业精神，但其创业精神的强度不同，强度的大小可能有遗传的影响，更受环境的影响。二是创业机会。创业机会的增多会形成巨大的利益驱动，促使更多的人尝试创业。社会经济转型、技术进步等多方面的因素在使创业机会增多的同时，也会降低创业门槛，进而促成更大的创业热潮。三是创业的机会成本。人们能从其他工作获得高收入和满足需求，创业意愿就低。比如，科学家独立创业的少，是因为许多科学家已经谋得收入相对丰厚而且稳定的工作，就较少愿意去冒创业风险。

（二）识别创业机会

识别创业机会是创业过程的核心环节。识别创业机会包括发现机会来源和评价机会价值。一般应澄清四个基本问题：第一，机会从何而来？创业者应该找到创业机会的来源在哪里。第二，受何影响？创业者应该找到影响创业机会的相关因素。第三，有何价值？创业者应该找到创业机会所具有的并能被评价的价值。第四，如何实现？创业者应该明了能通过什么形式或途径，来把机会变成实际价值。围绕这些问题，创业者在识别创业机会阶段需要采取行动，多交流，多观察，多获取，多思考，多分析，最终抓住创业机会。

（三）整合有效资源

整合有效资源是创业者开发机会的重要手段。一般情况下，创业者可以直接控制的可用资源往往很少，几乎都会经历白手起家，从无到有的过程。对于创业者来说，整合有效资源往往意味着需要善于尝试依靠盘活别人掌握的资源来帮助和实现自己的创业起步。人、财、物都是开展创业活动所必需的基本生产要素。创业者在创业时，首先要能组建团队，凝聚志同道合的人；其次要能进行有效的创业融资；最后要有创业的基础设施，包括创业活动的场地和平台。创业是在创业者面对资源约束情况下开展的具有创造性的工作，一定会面临很大的不确定性，所以，创业者在创业初期乃至新企业成长的很长一段时间里，都要把主要精力放在资源的获取上，以解决企业的生存问题。此外，创业者还需要围绕创业机会设计出清晰的有吸引力的商业模式，有时还需要制订详细的创业计划，以此向潜在的资源提供者陈述或者展示，以获取更多的资源支持。

(四)创建创业企业

新企业的创建是创业者的创业行为最为直接的标志。创建新企业包括公司制度设计，企业注册，经营地址的选择，确定进入市场的途径(包括是选择完全新建企业还是采取加入或收购现有企业等措施)。值得注意的是，许多创业者在创业初期迫于生存的压力，以及对未来缺乏准确预期，往往容易忽视这部分工作，结果给以后的发展留下了隐患。

(五)提供市场价值

创业者识别机会、整合资源、创建新企业等的目的是实现自己的创业目标。但能否真正促成创业目标最终实现取决于创业者能否提供市场价值。这是创业过程中的重要环节，关系新企业的生存与成长。因此，创业者必须面对挑战，采取有效措施，使创业的市场价值得到充分实现，不断地让客户受益，从而获得企业的长期利润，逐步把企业做活、做好、做大、做强。

(六)收获创业回报

收获创业回报是创业活动的主要目的，对回报的获取有助于促进创业者的事业发展。回报可能是多种多样的，对回报的满意程度在很大程度上取决于创业者的创业动机。调查发现，创业者的创业动机不同，对收获创业回报的态度和想法也有所不同。对于多数年轻创业者来说，获取回报最为理想的途径，是把自己创建的企业尽快发展成为一家快速成长的企业，并使企业成功上市。

项目二　新企业管理

知识目标

1. 了解新企业管理的特殊性；
2. 理解新企业成长的驱动因素。

扫码学习

能力目标

1. 熟悉新企业容易遇到的管理问题；
2. 掌握新企业管理的技巧与策略。

基础知识

一、新企业管理的特殊性

（一）以生存为首要目标

在创业期，企业的首要任务是从无到有，把产品或服务卖出去，掘到第一桶金，在市场上找到立足点，使自己生存下来。在创业阶段，生存是第一位的，一切围绕生存运作，一切危及生存的做法都应避免。

（二）依靠自有资金创造自由现金流

现金对于企业来说就像是人的血液，企业可以承受暂时的亏损，但不能承受现金流的中断。企业的自由现金流，就是不包括融资、资本支出及纳税和利息支出的经营活动净现金流。自由现金流一旦出现赤字，企业将发生偿债危机，可能导致破产。自由现金流的大小直接反映企业的赚钱能力。它不仅是创业初期管理的重点，也是成长阶段管理的重点，二者的区别在于，对创业初期的管理来说，由于融资条件苛刻，只能依靠自有资金运作来创造自由现金流，从而管理难度更大。创业初期的管理要求经理人必须千方百计增收节支、加速周转、控制发展节奏。

（三）所有的人做所有的事

新企业在初创时，尽管建立了正式的部门结构，但很少能按正式组织方式运作。通常是，虽然有名义上的分工，但运作起来是哪里需要，就往哪里去。这种看似的“混乱”，实际是一种高度“有序”的状态。几乎每个人都清楚组织的目标和自己应当如何为组织目标做贡献，很少有人计较得失，很少有人计较越权或越级。这种在初创时期锻炼出来的团队领导能力，是经理人将来领导大企业高层管理班子的基础。

（四）创业者亲自深入运作细节

经历过创业初期的创业者大都有过这样的体验：曾经直接向顾客推销产品，亲自与供应商谈判折扣，亲自追踪客户急需的订单，跑银行、催账，策划新产品方案，制订工资计划；曾被经销商欺骗，遭受客户当面训斥；等等。创业者只有对经营全过程的细节了如指掌，才能够将生意越做越精。

二、新企业成长的驱动因素

企业度过创业期后，随着产品和服务逐步被市场认可，销售收入不断增加，规模不断扩大，会表现出非常强烈的成长冲动。企业成长的推动力量可概括为企业家的成长欲望和能力、产业与市场因素以及组织资源三方面。

（一）企业家的成长欲望和能力

企业家具有强烈的成长欲望和对工作充满激情、勇于向环境挑战的能力以及识别和把握机会的能力。正是这些能力使得企业家能够把经济资源从生产率较低、产量较小的领域转到生产率较高、产量较大的领域。这些能力是企业实现快速成长最关键和最基本的因素。在《经济发展理论》一书中，约瑟夫・熊彼特用近乎一章的篇幅来阐述创业者的特征："创造私人王国的梦想和意愿……征服欲望：战斗的渴望、证明自己更强的渴望、成功的追求，并非局限于胜利果实，而在于成功本身……享受创造某事务或仅仅是释放自身精力和天分的乐趣。"

（二）产业与市场因素

进入威胁、替代威胁、买方竞价力、供方竞价力和行业内企业间的竞争这五种作用力共同决定产业竞争的强度以及产业利润率。在企业快速成长的最初阶段，其产品往往处于产品生命周期的导入期和成长期，进入威胁和替代威胁较小，行业中的其他小企业由于缺乏创新精神、一味地被动适应环境，信息相对闭塞，资源相对匮乏，往往对新的业务视而不见。此时，行业内部大企业总是因为某类市场"太小"而拒绝开发相关的产品和服务，所以，新的企业更易在这类市场赢得稳固的市场地位。当然，这也是中小企业存在的基础。无疑，竞争对手较少，良好的市场情况为企业实现销售额快速增加创造了机会。新产品具有良好的吸引顾客的潜力，虽然最初客户对新产品不了解，但企业对区域市场比较熟悉，往往易于打开局面。在巨大的市场需求的牵引下，企业主要进行批量生产，不必投入过多的市场开发费用。产品的价格相对较高，因而企业能够获取较高利润，而且企业自身规模相对较小，易于实现超速成长。

（三）组织资源

在一定程度上，成长欲望的实现取决于企业所控制和能够利用的资源。在这里，组织资源被广义定义为员工、财务资源、无形资产、厂房设备、技术能力、组织结构。组织资源决定支持组织成长的能力。如果组织未拥有支持成长战略所需的资源，即使企业家的成长欲望很高，实现的销售额也可能很低。员工、集权的组织结构、财务资源和技术资源对企业的快速成长起着积极的促进作用。例如，在财务资源方面，企业产品的销售价格相对较高，利润较高，在一定程度上能够支持成长所需的资金。此外，银行看好企业的发展前景，愿意提供贷款，具有高成长欲望的企业家愿意通过出售股份融资，赢得更多的资金，适应企业的扩张。这些资金来源能够支持企业成长所需的资金高投入。

三、新企业容易遇到的管理问题

（一）资金不足

低估对经营资金的需要是较普遍的现象，这源于创业初期创业者典型的热情心态。对于确定所要承担的义务而言，热情起到一定作用，不可或缺，而所需资金的客观情况与这种富有幻想的热情不相容。这种倾向实际上就是把成功的目标定得很高，而低估了对资金的需求。新企业在经营过程中难免遇到流动资金周转困难的情况。

（二）制度不完善

创业初期，新企业要不断面对意外出现的各种问题，如顾客投诉、供货商令人不满、银行不愿贷款、员工磨洋工等。由于没有先例、规章、政策或经验可资借鉴，这就产生了企业的行动导向和机会驱动，这也意味着给规章制度和企业政策所留的空间很小。此时的企业处于试验、探寻成功的内涵的阶段。一旦把成功的内涵搞清楚了，企业就会通过制定规章制度和政策来保证今后能取得同样的成功。这一阶段制定规章制度和政策有可能扼杀满足客户需求的机会。但缺乏规章和政策，为了获取现金而过于灵活、采取权宜之计，又会使企业养成“坏习惯”。习惯成自然，而且这种习惯会持续到未来，对企业将来的发展造成影响。

（三）因人设岗

对于创业初期新企业，员工所承担的责任和义务是重叠交叉的。例如，总经理可能既管采购，又管销售，还管设计；销售人员可能要承担一部分采买工作；会计人员有时又是办公室主任。这时的企业是围绕人来组织，而不是围绕工作本身进行组织的。企业是按照缺乏规划的方式在成长，它只是对各种机会作出反应，而不是有计划、有组织、定位明确地去开发利用自己所创造的机会。

当新企业不断成长，难以避免地犯了一些错误之后，它就逐渐学会了哪些事不能去做。这是一个不断试错的学习过程。当新企业出现了大的失误，如损失了一部分市场份额、失去了大的客户或赔了一大笔钱时，新企业就被推入了下一个生命阶段。

四、新企业管理的技巧与策略

（一）创业初期新企业的职能管理

1. 创业初期的营销管理

有别于成熟企业，创业初期新企业拥有的资源极其有限，往往市场份额很小，难以形成规模经济。新企业迫切需要将企业创造的产品或服务出售，获得收入，如此才能体现企业的价值，也为企业的进一步成长奠定基础。卖出产品，换回收入（即销售）是此时最重要的任务。创业初期的销售有时甚至是不赚钱的，主要是为了吸引顾客从消费其他公司的产品和服务转移到自己的产品和服务上，所以创业初期的销售收入增长很快。但因为成本增加更快，加上定价较低、利润空间较小，所以有时会出现销量很大却没有创造利润的困境。随着逐渐成熟，企业对已有的销售行为进行规范，对客户进行筛选和细化管理，对产品售前、售中、售后的过程进行监控，整合所有销售相关的资源，逐步使销售收入与利润实现同步增长。

2. 创业初期的人力资源管理

创业初期人力资源管理的主要特点为：企业规模小，组织结构层次简单，决策权在主要创业者手中，决策过程简单，只要经营班子制订出可行性方案，企业就可迅速执行；决策与执行环节少，使得决策集中高效，执行快速有力，对于市场变化能够迅速作出反应；创业初期的企业人财物、产供销、机构设置、生产方式、经营形式、利益分配、规章制度以及人员使用都由企业自主决定，机构精简、决策自主、反应灵敏、工作效率高，尤其是在用人机制上，创业企业有充分的用人自主权，能够吸引大批的人才加盟。

虽然创业型人才和创业型企业有勇气和信心，有冲劲，但缺乏经验。往往是创业前什么事都好办，创业时什么事都难办，创业后什么事都怕办不好。创业型人才中，一般年轻人居多，处事不够稳重，欠考虑，在创业初期热情高涨，情绪很能影响合伙人。他们考虑得最多的是如何多拉业务、如何扩大业务圈、如何尽快提升销量、如何多进账，于是，他们把更多的精力放在跑业务上，放在“钱”“利”“财”上，忽视了企业内部管理，如销售管理、生产管理、技术管理、采购管理、财务管理、后勤管理等，特别忽视了人员管理的重要性。

初创企业一般都是中小企业，人员配置少、身兼数职，此时更加不能忽视每一个人对企业的影响力。创业者不能把经营企业想象得过于简单，更不能忽视人员管理。每个企业都离不开员工在其中发挥的作用，企业管理人员与基层人员决定了企业的方方面面。人安定，则企业安定；人复杂，则企业复杂。管理好人是企业第一要素，而人又是极其复杂的，如果不加以管理，往往容易失控，甚至会波及身边人或更多人。企业员工的情绪常常会不同程度地影响集体情绪甚至整个公司的情绪，不良情绪往往会妨碍工作，扰乱管理，在一定程度上会加速不成熟公司的瓦解。

3. 创业初期其他职能管理

创业初期的系统相对集权，有可能使子系统之间严重失衡，缺乏计划和控制系统高度的灵活性，没有实施专业化管理的土壤，如果各个部门之间的协调不好，会降低工作效率。在计划方面，创业初期的企业应更多注重对市场机会的开发、把握，以现有的可以利用的市场机会确定经营方向，其中包括远景目标（3～20 年）和实现远景目标的战略（1～3 年）；在领导方面，可通过与所有能互相合作和提供帮助的人们进行有效的沟通交流，并提供有力的激励和鼓舞，率领大众朝着某个共同方向前进；在控制方面，初创期企业应尽量减少计划执行中的偏差，确保主要绩效指标的实现。

总之，对于创业初期的职能管理而言，企业往往没有规范化的管理方式，只有经过大量的实践，才能结合企业实际情况，形成符合自身特点的管理风格。先用人来定制度，再用制度来管理人，企业秩序的实现主要靠人员的主动性和自觉性，即以“人治”为主。

（二）成长期新企业管理重心的变化

成长型企业，是指那些在一定时期具有持续挖掘未利用资源能力，不同程度地呈现整体扩张态势，未来发展预期良好的企业。在企业生命周期模型中，这些企业度过了为生存而战的婴儿期，处在学步期到盛年期之间。成长期的新企业与创业初期的新企业相比，在管理上的重点相应发生变化，表现为以下几点：

1. 注重整合外部资源，追求外部成长

中小企业的人、财、物资源相对匮乏，注重借助其他（既包括竞争对手也包括合作者）力量发展壮大自身，便显得更加重要，这也是快速成长型企业特别擅长的策略。通过上市获得短缺资源并迅速扩大规模是实现成长的捷径之一。

首次公开发行公司股票（initial public offerings，IPO），是指企业通过证券交易所首次公开向投资者发行股票，以期募集用于企业发展资金的过程。IPO 通常是企业家的梦想，标志着成功、财富和市场的认可。IPO 不仅使企业获得了公司发展所需要的大量资本，还为企业家创造了大量财富。在资本市场发达的今天，许多创业者通过在国内国外证券交易所上市，一夜之间创造了许多财富神话。

2. 管理好保持企业持续成长的人力资本

快速成长型企业的一个共同成功要素是其强有力的人力资源管理。快速成长型企业的经营者并不一定要受过高等教育，但他们要雇佣一大批有能力的下属，他们通过构建规模较大的管理团队来让更多的人参与决策。管理好保持企业持续成长的人力资本主要体现在以下方面：

（1）提供良好的工作环境。良好的工作环境包括有竞争力的工资收入、利润、良好的工作条件以及健康保险等。企业有义务为员工解除后顾之忧。良好的工作环境还包括一些不十分明显的特征，如为员工提供明确、持续的培训指导。

（2）为员工提供成长的机会。成长的机会使员工感到安全，它的表现形式多种多样，或者是晋升，或者是工作丰富化。有一种错误观念是想当然地认为只要为员工提供稳定的工作和适度的退休金，员工就会感到安全。其实，员工的安全感还来自他们在工作中掌握的各种技术与能力。公司为员工提供的学习技术和能力的机会越多，就越能鼓励员工去学习。

(3)员工有机会分享公司的成功。小企业所能提供的工资水平往往比不上大企业,更为不利的是,小企业有失败、兼并和被收购的倾向。事实上,小企业的员工总是承担公司的一部分经营风险,一旦企业倒闭,他们的生活也就没了保障。所以,只有让员工分享企业的成功才是相对公平的办法。一些优秀的小企业采用利润分享计划,即让员工持股,并且可以根据需要随时兑换成现金,就是一种很好的让员工参与利润分享的办法。

3. 从创造资源到管好用好资源

新企业的成长是靠资源的积累实现的。但是,如果企业积累的资源未被企业占有,而是被企业中的个人(不管是创业者、高层管理者还是一般的员工)占有,这必将威胁企业的成长。因此,企业需要从注重创造资源转向管理好已经创造出来的资源,从资源"开创"转向资源的"开发利用"。企业需要采取必要的措施,管理好客户资源,管理好有形资产、无形资产,通过现有资源创造最大价值。

4. 形成比较固定的企业价值观和文化氛围

企业价值观是支持企业发展的灵魂,虽然是无形的,却渗透在企业发展的方方面面。大多数快速成长型企业有比较固定的企业价值观,用以支持企业的健康发展。对小企业而言,企业价值观一般是企业创建者自身价值取向的体现,这种取向直接影响企业发展。对成功企业的研究表明,在企业发展过程中,只有很少一部分企业根本上改变了原有的价值取向,大部分企业的价值观变化甚微。企业价值观的固定性保证了企业发展的稳定性,也便于企业管理者与员工掌握企业发展过程中的关键点。快速成长型企业的创建者非常热爱他们自己所从事的事业,他们审时度势,树立符合社会发展的价值观念,并倾注全部心血使企业的价值观延续下去。

5. 注重用成长的方式解决成长过程中出现的问题

企业在成长过程中都会遇到各种各样的阻碍。有的企业在阻碍面前止步不前,甚至衰败了;有的企业则将阻碍变成动力,适时变革,积极应对,实现了新的发展。用成长的方式解决成长过程中出现的问题,其本质是推动并领导变革。从快速成长企业的实际经验看,企业家在以下几方面往往表现得更为突出。

第一,注重在成长阶段主动变革。创新和变革是推动企业乃至社会发展的主要力量,但需要付出成本。企业在创业初期(特别是成长阶段)实施变革的成本小,因为其成长性强,可以为企业提供变革所需要的资源,可以吸引优秀的员工,进而减轻来自内部的变革阻力。

第二,善于把握变革的切入点。企业变革不可能一下子全面展开,需要科学地把握切入点,由点到面,层层深入。把握好切入点,从局部推进变革,往往可以在短期内取得效果,进而增强人们对变革的信心。这种方式的变革容易被控制,不至于造成失控。

第三,重视人力资源的开发。计划变革但找不到合适的人才实施变革,是企业家在成长过程中经常面临的最大困境。注重人才积蓄,采取更为积极的人力资源政策,注重从内外部广泛挖掘人才,这对于变革的成功乃至企业发展来说至关重要。

第四,注重系统建设。构建经营系统是企业开展日常经营管理工作的"平台"。建立一个成功企业的重要任务之一是建立辅助这些日常经营活动的体系——经营系统。弗莱姆兹这样描述经营系统:建立经营系统是为了有效地工作,一个公司不仅要从事生产或服务,还要合理地管理基本的日常经营活动(包括会计、制表、采购、做广告、招聘人员、培训、销售、生产、运输等)。企业在创建初期容易忽略经营系统的建立和发展,但随着一个企业在规模上扩大,特别是当其规模超过了其组织管理的运作能力时,这些系统就会承受越来越大的压力。

6. 从过分追求速度转到突出企业的价值增加

前面提到,当企业过分追求速度时,往往带来的问题是,销售收入增加很快,而利润没有明显增加,企业的价值没有得到增值。因此,当企业成长到一定规模时,需要管理好价值链。当企业发展到一定规模时,就需要向价值增加快的方面转移和延展,以获得最大的价值。正如"蓝海战略"的核心精髓——价值创新,即对所在行业所提供的传统客户价值的一种"颠覆式"创新,通过重点打造客户在意的价值要素,而在其他要素上提供适当价值,剔除不必要的要素。这不仅能够为客户提供卓越的价值感受,还能够使企业以低成本的方式获取差异化和低成本的双重好处。

项目三　家政企业创业的机遇和挑战

知识目标

1. 了解家政企业创业的机遇；
2. 了解家政企业创业的挑战。

扫码学习

能力目标

1. 掌握家政企业创业的主要趋势；
2. 在家政企业的机遇和挑战中寻找创业机会。

基础知识

一、家政企业创业的机遇

家政企业创业的机遇主要体现在以下几个方面。

（一）市场需求旺盛

家政服务行业在中国正展现出强劲的发展势头和巨大的市场潜力。随着经济的进一步发展和市民生活水平的提高，人们对家政服务的需求日益增长。根据某市场分析报告，2023年中国家政服务业市场规模达到了11641亿元人民币，预计到2026年，市场规模有望突破13000亿元人民币。市场需求旺盛的具体表现为：

（1）家庭结构变化：家庭小型化趋势加速以及人口老龄化进程不断推进，加之三孩生育政策的落地实施，都极大地激发了家政服务市场的潜在需求。

（2）消费升级：居民生活品质的提升和消费观念的变革，使家政服务超出了单纯的家务范畴，演变为涵盖日常家务、育儿教育、老年关怀及病患陪护等多方面的综合服务。

（3）服务细分：在老龄化趋势加剧和三孩生育政策推动下，家政服务在养老和育幼方面的需求日益旺盛，整理收纳、开荒保洁等细分服务也受到消费者的青睐，为家政市场的蓬勃发展注入了强劲动力。

随着市场的进一步扩大和消费者需求的不断升级，家政服务行业可能继续保持快速增长的趋势，这可能为创业者提供更多家政企业创业的机会。

（二）政策支持

家政企业在我国得到了国家层面的政策支持。这种政策支持旨在促进家政服务业的提质扩容、规范化发展，以及提升服务质量。

1. 相关政策支持

深化促进家政服务业提质扩容“领跑者”行动：国家发展改革委、商务部等15部门联合印发了《深化促进家政服务业提质扩容“领跑者”行动三年实施方案(2021—2023年)》，提出了到2023年的具体目标和任务，包括培育品牌化员工制家政企业、提高社区家政网点服务能力覆盖率、持续提高家政从业人员素质等。

家政兴农行动：商务部等9部门联合印发了《2024年家政兴农行动工作方案》，提出了五个方面的25项具体措施，旨在提振家政服务消费，助力推进乡村全面振兴。这些措施包括促进供需对接、加强品牌培育、加大帮扶力度、完善支持政策和优化发展环境等。

促进家政服务业提质扩容2024年工作要点：国家发展改革委办公厅、商务部办公厅印发了《促进家政服务业提质扩容2024年工作要点》，聚焦家政服务质量提升，要求各部门按照职责和任务分工抓好落实。

支持和引导家政服务业员工制转型发展：国家发展改革委等部门发布了《关于支持和引导家政服务业员工制转型发展的指导意见》，提出了至2027年和2035年的发展目标，以及加强支持引导、促进家政服务业向员工制转型的具体措施。

2. 政策支持的具体措施

政策支持的具体措施包括：①财政金融支持。整合现有资金渠道，加大对家政企业的支持力度，提升金融服务质效。②税收优惠政策。落实减税降费政策，支持社区家政服务相关税费优惠政策。③住房保障。为员工制家政企业从业人员提供住房保障，包括公租房、保障性租赁住房等。④信用体系建设。加快家政信用体系建设，推动家政服务企业和从业人员的信用评级和信息共享。⑤职业培训和教育。推动家政进校园，培育产教融合型家政企业，深入开展岗位培训。⑥品牌化和标准化。支持家政企业品牌化发展，推动家政服务标准化专项行动。⑦技术创新。新技术的应用为家政服务提供了新的增长点，企业可以通过技术创新提升服务质量和运营效率。

(三)创业门槛相对较低

家政企业创业门槛相对较低，主要表现为：

(1)资金要求低：家政企业创业门槛相对较低，不需要高学历，且初期投入较少，一个人在家就可以开始运营，节省了房租和水电费用。

(2)技能要求不高：家政服务对技能要求相对较低，但可以通过专业培训提升服务质量，创业者即使缺乏相关经验，也可以通过学习和实践逐步掌握相关技能。

(3)形式灵活多样：家政服务的形式多样，可以根据客户需求进行灵活调整，无论是全职的家政服务人员，还是钟点工或临时工，都能满足不同客户的需求。

综上所述，家政企业创业的机遇众多，但也需要创业者具备敏锐的市场洞察力、优质的服务能力和良好的品牌形象，得以在激烈的市场竞争中脱颖而出。

二、家政企业创业的主要趋势

家政企业创业的主要趋势集中在以下几个方面。

(一)数字化转型

家政企业数字化转型是指利用数字技术对传统家政服务进行升级改造,以实现提高服务效率、改善用户体验、提供个性化定制服务、开拓新业务领域等目标。这一转型是家政企业适应市场需求、提升竞争力的必然趋势。

通过引入智能化设备和系统,如智能清洁机器、智能家居控制系统等,可以大幅提升家政服务的效率。借助手机应用和在线平台,用户可以方便地预约服务、在线支付、评价反馈,这有助于提高服务的便捷性和可信度。数据分析和人工智能技术可以帮助家政企业更好地了解客户需求,提供个性化定制的服务。数字化转型为家政企业带来了拓展业务的机会,如提供在线烹饪课程、家庭健康管理服务等。

(二)智能化服务

家政企业智能化服务是指利用现代信息技术,如互联网、大数据、人工智能等,对传统家政服务进行改造和升级,以提高服务效率、质量和用户体验。这种服务模式能够实现服务的标准化、个性化、透明化,满足用户对高效率和高品质家政服务的需求。

家政企业智能化服务是家政企业发展的必然趋势,它通过技术创新提升了服务质量和用户体验,也为家政企业带来了新的增长点和竞争优势。随着消费者对生活品质追求的不断提高,智能化家政服务将成为市场的主流,加快整个行业的现代化和国际化进程。

(三)专业化服务

家政企业专业化服务是指家政服务公司根据市场需求和客户特定的服务要求,提供专业化、个性化的服务项目。这些服务可能包括但不限于母婴护理、育儿早教、养老照护、保洁服务、一般家务等。

家政企业专业化服务是行业发展的重要趋势,它有助于提升服务质量,满足客户需求,并推动行业的健康发展。家政企业应不断创新服务模式,提高服务标准,以适应市场变化,并提供更加专业、可靠的服务。

(四)品牌化和规模化发展

大力发展“互联网+家政”等新业态,推动家政服务业与电商、养老、托幼、物流配送、助医等产业链融合发展,探索家政企业和制造业相结合的新思路,培育以专业设备、专用工具、智能产品研发制造为支撑的家政服务产业集群,支持家政服务产业化、集团化发展。家政企业通过建立品牌影响力和扩大服务网络,实现规模化经营,提升市场竞争力。

（五）员工制转型

家政企业向员工制转型，通过签订劳动合同，为员工提供更完善的权益保障和职业发展路径，以提升服务质量和企业稳定性。为使家政企业的人才管理水平得到有效提高，缓解当前家政企业暴露出的有效需求不足问题，应该对家政企业发展的实际情况加以分析，并且以此为基础构建起科学的家政企业人才的供需计划。另外，为了在最大程度上缓解当前家政企业运转过程中的人才供需矛盾，家政企业要结合自身实际情况来提高人才管理水平，以此来吸引和留用更多人才，降低人员的流动性。

三、家政企业创业的挑战

家政企业创业的挑战主要体现在以下几个方面。

（一）市场竞争状况

随着家政服务市场的不断扩大，众多创业者加入，市场竞争日益激烈。家政企业需要在服务品质、价格、营销策略等方面不断创新，以在众多同行中脱颖而出。

（二）服务质量控制

家政服务的质量直接影响到客户的满意度和企业的声誉。然而，由于家政服务的特殊性，服务标准难以统一，服务质量也参差不齐。企业需要制定严格的服务标准和流程，并加强员工培训和管理，确保每位员工按照标准提供服务。

（三）人才招聘与培训

(1)招聘难度大：家政服务行业对人才的需求具有独特性，就业门槛相对较低，企业人才招聘难度较大。

(2)员工流动性大：家政服务人员的流动性较大，这给企业的团队建设带来了极大的挑战。

(3)培训成本高：为了提高员工的专业素养和服务质量，企业需要投入大量时间和资源进行员工培训，增加了运营成本。

（四）法律法规与风险防控

(1)法律法规复杂：家政服务行业涉及多个法律法规和行业标准，企业需要充分了解并遵守，以确保合法合规经营。

(2)风险防控要求高：由于家政服务行业的特殊性和风险性，企业需要注重风险防控和安全管理，避免发生安全事故或纠纷。

（五）客户需求

不同客户对家政服务的需求各不相同，这要求企业提供多样化的服务内容，以满足不同客户的需求。企业需要具备强大的服务能力和灵活的服务模式，以满足市场的多样化需求。

（六）品牌建设与营销

建立一个被客户认可和信任的品牌需要长期的不断投入和积累沉淀。有效的营销渠道和方式相对有限，且宣传推广成本较高。企业需要在品牌建设和营销方面不断创新，以提升品牌知名度。

研讨题

1. 创业过程中，创业者最应该关注的重点是什么？
2. 制度不完善是新企业面临的主要问题之一，请分析创业者的契约精神对制度建设的重要性。
3. 家政企业创业既有机遇也有挑战，家政企业创业重点应关注什么？

专创融合实训

1. 制定本组创业项目的商业计划书（邀请3～5位家政企业家进行路演推介，分析项目落地可行性）。
2. 具有落地资格的项目可参加大学生创新创业大赛或在学校孵化基地（产教融合中心）孵化。

参考文献

[1]尤建新,邵鲁宁.企业管理概论[M].6版.北京:高等教育出版社,2018.

[2]莫荣.中国家政服务业发展报告(2018)[M].北京:中国劳动社会保障出版社,2018.

[3]董克用,李超平.人力资源管理概论[M].5版.北京:中国人民大学出版社,2019.

[4]戴维.战略管理:第8版[M].李克宁,译.北京:经济科学出版社,2001.

[5]刘冀生.企业经营战略[M].北京:清华大学出版社,1995.

[6]波特.竞争战略[M].陈小悦,译.北京:华夏出版社,2005.

[7]吴健安,聂元昆.市场营销学[M].5版.北京:高等教育出版社,2014.

[8]卢家仪,蒋冀.财务管理[M].2版.北京:清华大学出版社,2001.

[9]唐朝.手把手教你读财报[M].北京:中国经济出版社,2015.

[10]肖星.一本书读懂财报[M].杭州:浙江大学出版社,2022.

[11]陈玉菁,宋良荣.财务管理[M].5版.北京:清华大学出版社,2022.

[12]尤登弘.创业之初:你不可不知的财务知识[M].北京:机械工业出版社,2008.

[13]伯兰斯卡姆,凯勒.为创新投资:21世纪的创新战略[M].陈向东,译.北京:光明日报出版社,1999.

[14]斯坦纳.战略规划[M].李先柏,译.北京:华夏出版社,2001.

[15]斯托尔克,等.企业成长战略[M].赵锡军,等译.北京:中国人民大学出版社,1999.

[16]尤建新,陈守明,林正平.高级管理学[M].2版.北京:高等教育出版社,2008.

[17]尤建新.企业管理理论与实践[M].北京:北京师范大学出版社,2009.

[18]笛德,本珊特,帕维特.管理创新:技术变革、市场变革和组织变革的整合[M].王跃红,李伟立,译.北京:清华大学出版社,2008.

[19]谷再秋,刘刚.客户关系管理[M].3版.北京:科学出版社,2020.

[20]李家华.创业基础[M].2版.北京:清华大学出版社,2015.

[21]怀特,布鲁顿,吴晓波,等.技术与创新的管理:战略视角(中国版)[M].北京:电子工业出版社,2008.

[22]尤建新,王莉,赵红丹.管理与组织行为学[M].北京:清华大学出版社,2016.